KB233496

청소년
진로
상담하기

청소년 진로 상담하기

최명선 · 문은미 지음

이 책을 펼치는 모든 분께

'마음맑음 시리즈'에 참여한 저자들은 처음부터 책을 쓸 목적으로 만나지 않았습니다. 저희는 아동심리치료에 대한 소신과 열정으로 석·박사 과정에서 성실히 학문적 기초를 쌓고, 워크숍과 임상교육을 통해 심화된 지식을 얻고자 한 사람들입니다. 또한 많은 임상경험과 훈련을 통해 누구보다 내실을 기하며 상담자의 길을 가고자 했습니다. 하지만 치료실에서 아이들을 만나면서 또다시 한계에 부딪히고 더 연구하고 더 알아야 할 것들에 대해 고민하게 되었습니다.

그래서 지식을 더 깊게 하기 위한 마음을 모았고 시간을 쪼개어 함께 공부를 시작했습니다. 정기적인 작은 세미나를 가졌고, 최근 센터에 내원하는 아이들의 주 호소 문제를 분석하며 산발적으로 소개된 관련 내용을 모아 발표하고 토론하는 시간을 가졌습니다. 주제를 발표할 사람, 사례를 발표할 사람, 세미나를 마치고 내용을 종합·정리할 사람들이 열심히 자료를 정리하고 수집하다가, 이 자료를 '더 많은 사람들'과 나눌 수는 없을까 하는 생각을 하게 되었습니다. 그 사람들이란 아이들의 부모님이나 교사가 될 수도 있고, 아동과 관련된 일을 하는 현장 종사자가 될 수도 있으며, 우리들의 동료나 후배, 우리가 가르치는 학생들일 수도, 만나보지는 못했지만 이제 막 상담을 시작하는 초보상담자일 수도 있습니다. 스스로 닥친 문제를 해결하고자 하는 부모님이나 교사들, 각 증상을 가진 내담아동에 대한 지식을 열심히 찾고 있는 학생들, 치료실 안팎에서 아동과 부모를 위해 공부하고 문제를 해결해주고자 정성을 쏟고 있을 상담자들과 자료를 공유하고 싶었습니다.

원고를 쓰기 시작할 때, 상담에 막 입문했던 학생시절, 초보엄마, 초보 상담사 시절을 떠올리며, 그때로 돌아가 보았습니다. 공부와 임상을 오가며 바쁜 나날들을 보냈고, 내담아동과 부모를 위해 지식을 얻고 싶었던 마음은 조급하고도 절실했지만 주어진 지식현장은 그렇지 않았습니다. 갓 들어온 원서를 복사해서 보거나 번역서 관련 내용을 동냥해서 읽는 등 참으로 답답하고 안타까운 시간을 보냈습니다. 최신판 번역서를 읽고 의미를 정확히 이해하고자 원서를 다시 찾아 읽기도 하고, 그것도 안 될 때는 몇몇 부분은 아쉽게 넘겨버린 기억도 있습니다. 그 마음으로 돌아가 쓴 책이라 일반 부모님들께는 다소 어려울 수 있고, 숙련 상담자들에게는 역으로 너무 쉬운 내용일 수도 있을 것입니다. 이 책의 대상에 대해 많은 고민을 했지만, 그냥 단순하게 '필요로 하는 사람들'을 생각하며 내놓겠습니다. 부족하거나 얕은 부분은 약속한 기간까지 더 연구하고 공부하여 개정판에서 발전시켜 선보일 것을 약속합니다.

본 시리즈의 내용은 특정 증상의 특성과 원인, 측정하는 방법에 대해 이해하고, 다양한 치료적 접근 그리고 부모나 교사가 직접 실행해 보거나 그들과의 부모상담에서 사용할 수 있는 구체적인 예방과 대처로 구성되어 있습니다. 마지막으로 아이의 문제로 지치고 힘들어하는 부모님께 상담실 안에서 해주지 못한 저자들의 마음을 편지로 담았습니다.

이제 몇 권의 주제로 시리즈의 첫 문을 두드립니다. 앞으로 우리가 공부하고 함께 나눌 지식은 훨씬 더 많고, 깊으니 갈 길은 멀지만 의미 있는 일들에

설레기도 합니다. 아이들과 부모님들을 돕기 위한 저자들의 고민과 열정의 꽃은 사계절 피어날 것이며 치료자들과 나누고자 하는 마음도 변치 않을 것입니다. 부족하지만 본 시리즈가 관련 어려움을 가진 아동, 청소년들을 만나고 있는 그 누구에게라도 작은 보탬이 되길 바랍니다.

마지막으로 한국에 놀이치료의 씨앗을 심고, 가꾸어 주시며 많은 치료사들이 탄탄한 훈련의 길을 거쳐 소신을 펼칠 수 있도록 힘이 되어주고 계시는 '한국놀이치료학회 1세대 놀이치료전문가' 선생님들께 고개 숙여 감사드립니다. 그리고 직업적 신념과 열정을 잘 이해해주시고 기꺼이 출판의 길을 열어주신 한국학술정보(주) 관계자 여러분들과 책을 마무리하는 데 모두가 한마음이 되어 열심히 해준 아동청소년상담센터 맑음 치료자들과 인턴 선생님들께도 감사의 인사를 전합니다.

맑음 연구실에서
저자 대표 최명선

Contents

PART 01

진로와 진로상담에 대해 이해하기

최근 청소년 자녀를 둔 부모들의 주된 걱정은 자녀들이 진로에 대해 심각하게 고민할 의지가 없고, 생활과 학습에 무기력하며 무엇인가를 의욕적으로 준비하지 않는다는 것이다. 부모는 부모대로 속이 타고 아이들은 아이들대로 무엇을 어떻게 해야 할지 막막하다. 또한 이러한 과정은 부모의 잔소리와 아이들의 미성숙한 반항으로 이어져 부모자녀관계마저 위태롭게 한다. 현장에 있는 학교 상담자들이나 교사들도 아이들에게 이런저런 직업에 대한 대략적인 정보는 줄 수 있지만 그들의 진로탐색을 위한 동기나 실천의지에 대해서는 어떻게 도와주어야 할지 난감해한다.

자신의 적성과 능력, 욕구에 맞는 진로를 잘 선택하는 것은 행복한 삶을 위해 결정적인 역할을 한다. 일부 성인들도 아동기와 청소년기에 진로발달의 적신호를 알아차리지 못하여 늦게까지 방황하고 있는 경우가 있다. 다시 말해 적절한 발달단계에서 진로과업을 적절히 수행하지 못한 성인은 다시 대학입시를 준비하거나 새로운 일자리를 찾기 위해 전전긍긍하며 늦은 발걸음을 재촉하고 있다.

진로발달을 위한 준비는 청소년기에 접어들어 하루아침에 끝낼 수 있는 것이 아니다. 유아기부터 차근차근, 주위의 다양한 촉진적 지원을 받으며,

누구의 의지보다 자신의 의지가 주체가 되어 준비해 가는 것이다. 본 장에서는 진로에 대한 기초적인 이해부터 시작하여 진로결정과 관련된 다양한 딜레마와 진로결정에 어려움을 지니는 청소년들은 어떠한 심리적 어려움을 지니는지 등에 대해 살펴보고자 한다. 청소년상담과 진로상담을 공부하는 학생이거나 진행 중인 치료자들은 본 장의 내용을 바탕으로 진로문제에 대한 이론적 기초를 다지고 보다 더 다차원적으로 내담자를 이해할 수 있는 초석을 삼기 바란다.

1. 진로와 진로상담의 이해

1) 진로와 진로상담의 개념과 특징

진로를 결정한다는 것은 한 개인이 일생을 살아가면서 이루어야 할 중요한 과업 중의 하나를 실천하는 것이다. 진로는 한 개인의 욕구와 생각, 능력을 사회와 직업세계 안에서 일생 동안 경험하고 체험하는 것을 의미한다. 진로를 결정하기 위해 청소년들은 스스로, 또는 부모나 교사의 안내를 받아 옳은 선택을 할 때도 있다. 그래서 많은 청소년들과 부모들은 전문적인 도움을 추구하기 위해 진로상담실의 문을 두드리기도 한다.

진로상담은 이러한 영역에서 전문적인 도움을 주고받는 과정이며, 개인의 진로발달을 촉진시키거나 진로계획, 진로와 직업의 선택과 결정, 실천, 직업적응, 진로변경 등의 과정을 돕기 위한 활동이다(김봉환·정철영·김병석,

2000). 다시 말해, 진로상담은 내담자가 불확실한 장래에 대한 진로를 결정하기 위하여 치밀한 방법과 계획을 세워 생애문제를 어떻게 대처해 나갈 것인가에 관한 여러 가지 문제를 현명하게 선택하고 적응하도록 돕는 활동이다(지용근·김옥희·양종국·김희수, 2005).

2) 진로상담이 왜 필요한가?

제가 만난 대부분의 청소년들은 처음에 무엇을 할지 몰라 방황하고 혼란스러워했습니다. 그들은 진로상담 과정을 통해 자신의 관심과 흥미가 미래를 위한 선택이나 계획과 일치할 때 이전과는 다른 모습으로 안정을 찾고 열심히 살아가는 모습을 보았습니다.

위의 글은 청소년 진로상담자가 왜 진로상담을 해야 하는가에 대한 질문에 대해 직업적 경험을 통해 주는 답이다. 많은 청소년 내담자들은 심리적인 어려움이나 부모자녀 관계로 상담실을 찾지만 정서적인 어려움을 해소함으로써 생활에서의 안정과 태도가 크게 변화하지는 않는다. 그들이 상담에서 얻은 건강한 정서적 에너지를 쏟을 수 있는, 어딘지는 모르지만 힘차게 발을 내딛고 들어설 수 있는 어떤 길을 안내하는 것은 청소년상담의 궁극적인 목표가 된다. 물론 정서적 어려움을 해결하고 스스로 자신의 길을 찾아 나서는 내담자도 있지만 최근 우리나라의 많은 청소년들은 새로운 길을 나설 때 상당히 수동적인 태도를 보인다. 상담은 현실을 떠날 수는 없으므로 그들의 특성을 무시하고 상담을 진행할 수는 없다. 따라서 우리나라 청소년들의 특수성을 고려하여 진로상담의 필요성을 짚어 보고자 한다.

(1) 보다 현실적 대응

자녀 수가 감소하여 부모들의 과잉보호, 과잉애정, 과잉간섭 등의 양육방식이 늘어나 아이들은 갈수록 유약해지고 자율성과 자립심이 낮은 것은 사실이다. 이러한 아이들에게 양육환경을 무시하고 과거의 방식대로 스스로 자신의 진로를 찾도록 강요할 수는 없다. 또한, 과거처럼 직업의 세계가 단순하지 않아 진로와 직업을 탐색하고 결정하기에는 전문적인 제3의 개입을 필요로 할 수밖에 없는 실정이다. 과중한 학습량을 소화하고 있는 현대 사회의 아이들에게 진로상담이라는 방법은 그들의 시간을 효율적으로 관리하고 전문적으로 길을 안내하는 현실적 방안이 될 것이다.

(2) 부모와 교사의 딜레마 보완

우리나라 청소년들은 학업성적과 입시경쟁에 밀려 미래에 대한 계획을 세울 수 있는 여유도 없으며, 구체적인 직업정보도 제공받지 못하고 있다. 부모들은 자녀의 진로문제에 많은 관여를 하고 있으면서도 전문적인 개입보다는 자신의 경험과 자신의 기대, 그리고 사회적 체면에 초점을 맞추어 진로지도를 하고 있다. 교사들 또한 진로상담에 대한 전문적 교육을 받을 기회와 진로지도를 하기 위한 시간이 매우 부족한 실정이다. 이러한 여건 속에서 상담의 한 영역으로서의 진로상담은 청소년들을 위한 인적 자원을 보완하고 딜레마를 해결하는 차원에서 중요한 역할을 한다고 볼 수 있다. 현재 많은 청소년들이 이러한 딜레마로 인해 자신의 삶에 대한 명확한 목표 없이 진로선택을 하고 있다. 이른바 목적지도 정하지 않은 채 배를 타고 노를 젓고 있는 격이다. 그 결과로 대학진학 후에도 적응하지 못하고 휴학, 자퇴 등 중도 탈락하는 사례가 늘고 있다. 이는 이후 청년실업이라는 사회적 문제에도 영향을 미치고 있다. 그러나 누구를 탓하고만 있을 수는 없으므로 진로상담을 잘 준비하는 것에 충실해야 한다.

(3) 청소년들의 요구에 부합하는 기회제공

우리나라의 많은 조사결과에서 청소년들의 주요 고민이 진로 및 직업선택 문제가 압도적으로 높은 것으로 나타났다. 그들은 고민이 생겼을 때 주로 친구나 선배(50.4%)와 상의하고, 다음으로 스스로 해결(13.6%)하거나 부모(11.0%), 형제(4.8%), 지도교수(4.8%) 순으로 상의한다고 하였다(이재창, 1995). 이러한 결과는 많은 청소년들이 자신의 진로와 직업문제로 고민을 하고 있고 타인에게 도움을 요청하고 있다는 것을 보여 준다. 진로상담이라는 전문적인 개입방법은 아이들이 자신의 요구에 적합한 결과를 얻고 진로를 향해 안전하게 나아갈 수 있는 기회를 마련하는 것이다.

(4) 자아정체감 발달 촉진

청소년기는 아동기에서 성인기로 이행하는 과도기적 시기로 자아정체감을 형성하는 것이 주요 발달과업인 시기이다. '나는 누구인가', '나는 어떤 삶을 살아가야 하는가?' 등의 고민에 빠지는 것은 자기를 탐색하고 정체감을 성공적으로 형성해 가는 중요한 발판인 것이다. Erikson은 진로선택과 한 가지 직업에의 열정과 헌신은 정체감 형성에 중요한 영향을 미친다고 하였다. 이뿐만 아니라 청소년기의 인지발달은 형식적 조작이 가능하게 되어 가설설정은 물론 추상적인 것을 다룰 줄 아는 능력과 더불어 정신적인 조작을 통해 문제 해결능력을 획득할 수 있는 준비가 되어 있다. 그들은 발달단계의 특성상 여러 상황에서 자기를 분석할 수 있으며, 성인들의 직업세계에 자신을 투사할 수 있다. 이러한 청소년기의 발달적 특성을 고려해 볼 때 청소년기에 개입하는 진로상담은 다른 발달과정을 촉진하고 도우며 부적응적인 행동을 예방할 수 있는 차원에서도 매우 필요하고 결국 청소년기의 발달과업인 정체감 형성에 결정적인 역할을 한다고 볼 수 있다.

(5) 결정적 발달 시기를 위한 놓치지 않기 위한 적극적 노력

현재 우리나라에는 고학력화 현상이라는 것이 생겼다. 많은 사람들이 높은 학력은 소지하고 있지만 이렇다 할 자신의 길에 들어서지는 못하는 상태에 있다는 의미이다. 또한 고등학교 졸업과 동시에 집중적으로 이루어지던 진로 고민이 대학 졸업시점으로 미루어 진행되고 있는 경우도 많다. 이것은 이른바 진로유예 현상이다. 청소년들이 적절한 시기에 자신의 적성이나 흥미에 대한 고려뿐만 아니라 향후의 진로목표도 설정하지 않은 채 대학이나 대학원 진학과 같이 학력만 계속해서 쌓아 가는 현상이다. 이러한 진로유예 현상은 시간과 노력, 경제적 측면에서 큰 손해를 끼치고 발달단계에 부적절한 삶의 패턴으로 연결되어 결국 집단소외나 대인관계의 어려움을 초래하기도 한다. 결국 나이와 직장에서의 역할, 군대, 직업적 대우와 관련이 되면서 사회 부적응으로 연결이 된다. 따라서 발달적으로 진로의 결정적 시기를 놓치지 않기 위해서는 발달의 적기에 자신의 진로목표를 가장 효율적으로 달성할 수 있는 개입이 이루어져야 한다.

(6) 반복되는 대학 입시제도 변화에 대한 전문적 대처

2008년부터 우리나라는 입학사정관제도를 도입하여 실시해 오고 있다. 입학사정관제도란 내신 성적과 수능점수만으로 평가할 수 없었던 잠재능력과 소질, 가능성 등을 입학사정관을 통하여 다각적으로 평가하고 판단하여 각 대학의 인재상이나 모집단위 특성에 맞는 신입생을 선발하는 제도이다.

이러한 제도적 변화는 부모나 학교 교사들에게 큰 부담으로 다가오고 있다. 간혹 부모들 중에는 유명대학 입학학생을 개인 진로 교사로 선택하여 도움을 받기도 한다. 그러나 그들에게 아쉬운 점은 자신의 진로와 다른 진로에 대해 제공하는 정보에서 큰 차이가 없고, 그들의 주관적인 진로성향과 태도를 간과할 수 없다는 것이다. 진학상담과 진로상담은 엄연히 다른 것이다. 입학사정관제도의 도입은 대학입시를 위한 진학상담으로 이루어져 왔던 진로상담이 청소년들이 장기적 목표설정을 통해 진로계획을 수립할 수 있도록 돕는 진정한 진로상담으로 자리매김하도록 하는 기능을 한다. 이러한 사회적 변화를 보다 효과적으로 이용하려면 전문적이고 체계적인 내용의 진로상담을 받는 것이 필요하다. 나날이 발전하고 변화해 가는 사회 제도를 우리가 효과적으로 이용한다면 우리 삶의 질을 높이는 선진국형 제도가 되지만 그렇지 않을 때는 모순과 혼란의 주범이 될 뿐이다.

(7) 직업세계의 급속한 변화에 대처

현대 사회 노동시장의 급속한 발달과 변화는 직업세계의 큰 변화를 가져왔다. 이러한 직업세계의 변화는 부모와 교사는 물론이고 청소년 주변

인물들에게도 연구의 대상이 되었다. 변화하는 직업세계를 탐색하고 추세를 이해하기 위해서는 많은 시간과 노력, 전문적인 지식과 견해가 필요하게 되었다. 예전처럼 부모가 자신의 경험과 가치관에 준해 자녀의 직업에 대해 조언하고 교사가 특정직업을 제안할 수 있었던 시기와는 다르다. 바쁜 직장생활 속에서 부모가 아이를 위한 직업세계를 알아내기 위해 공부하는 것도, 학교의 상담교사로부터 몇몇 직업에 대한 정보를 얻는 것도 현실적 한계가 많다. 다양한 직업의 세계에 대한 정보와 지식을 가지고 개인의 적성과 능력에 부합되는 진로를 찾도록 안내하는 일은 부모와 주변 인물들이 해결하기에는 너무나 어려운 과제가 되어 버렸다. 이처럼 시대적 변화의 흐름 속에서 개인적 심리발달 부분을 이해하고 통합하여 한 개인에게 적합한 진로를 상담해 주는 과정은 전문적 도움추구 과정 안에서 이루어져야 한다. 전문적 상담과정에서 청소년들이 이러한 미래 직업세계의 변화를 정확하게 인식하고 자신의 특성과 견주어 보며 진로를 탐색해 가는 과정은 건설적인 미래를 준비하는 데 반드시 필요하다.

2. 진로발달을 위한 연령별 과업의 특성

청소년기는 아동기에서 성인기로 전환되는 시기이다. 이 시기에 자아정체감 형성은 매우 중요하며, 자아정체감 발달은 진로발달과도 매우 큰 관련성이 있다. 진로발달은 인생 전체를 통해 지속적으로 발달해 가는 것으로, 발달의 각 단계에서 필수적인 요소들을 잘 기능하도록 촉진하여 진행해 간다고 볼 수 있다. 즉, 진로발달은 개인에게 진로를 선택하게 하고 자기인식을 투명하게 하는 작업을 도와 안정된 자아정체감을 형성하는 데 크게 기여한다고 볼 수 있다.

Super는 진로발달은 연령이 증가해 가는 과정에서 점진적으로 발달해 가고 각 발달단계에서의 과업을 잘 수행했을 때 다음 단계의 발달로 효과적인 진행이 이루어진다고 보았다. 따라서 본 장에서는 여러 가지 진로발달이론을 바탕으로 아동기부터 청소년기, 청년기에 이르기까지 발달적으로 수행해야 할 과제가 무엇인지를 짚어 보기로 하겠다. 연령에 따른 과업에 대한 구체적인 부모의 예방과 대처 행동은 PART 04에서 다시 구체적으로 살펴볼 것이다. 본 장에서는 과업의 연령별 특성에 대해 대략적으로 살펴볼 것이다.

1) 진로발달을 위한 유아기 과업

유아기의 진로발달을 위한 과업은 무엇인가? 이 시기는 전 생애를 살아가는 데 필요한 다양한 심리적 자원들을 준비하고 진로발달의 기초를 세우는 시기이다. 진로발달을 위해 유아기에 특히 준비해야 할 것은 자신의 무한한 가능성을 믿을 수 있도록 자기신뢰를 심어 주는 것과 다양한 직업 활동에서 필수적인 요소인 정서발달을 촉진하는 것이다. 유아들은 호기심을 통해 세상을 탐험하고 자신의 가능성을 알아가므로 호기심을 충족할 만한 환경 제공과 부모의 수용적 태도가 필요하다. 또한, 유아가 자신의 감정을 인식하고 표현하며 조절할 수 있도록 도와주는 일, 다른 사람의 감정을 인식하고 공감할 수 있는 능력을 키우는 것 등이 다차원적인 정서발달을 위한 것이다.

그리고 유아기에는 부모를 포함한 의미 있는 사람들로부터 신뢰관계를 형성하는 것도 매우 중요하다. 인간에 대한 신뢰는 곧 세상에 대한 신뢰를 의미하므로 사람들과의 긍정적인 관계경험을 통해 인간에 대한 신뢰를 쌓도록 하여야 한다. 이 시기에 마련한 신뢰는 평생 다른 사람과의 관계를 형성하는 데 긍정적인 영향을 준다.

유아들이 자신에게 주어진 다양한 과제를 수행해 낸다는 것은 자신이 무엇인가를 할 수 있다는 자신감 형성에 매우 중요하다. 이는 이후 진로에 대한 흥미를 발견하고 준비해 나가는 데 큰 자원이 된다. 유아들이 자신의 능력을 넘어서는 어려운 과제에서 반복적으로 좌절하는 경험을 하게 된다면 자신감을 잃고 무기력하여 이후 진로발달에 큰 장애를 지니게 됨을 명심해야 한다.

그 밖에도 유아기에 이루어지는 간단한 학습과제나 자기 물건 챙기기나 부모의 심부름 경험 등은 책임감을 발달시켜 직업의식과 윤리발달에도 큰 도움이 될 것이다. 이 시기에 아이 양육과 직업생활을 조화롭게 한 부모는 아이들에게 생생한 직업 역할모델이 되어 평생 가슴속에서 좋은 멘토가 되어 줄 것이다.

2) 진로발달을 위한 아동기 과업

유아기를 거쳐 아동기에 접어들면서 아동들은 다양한 행동변화와 성취를 경험한다. 대부분의 아동들은 초등학교에 다니면서 숙제, 등교 시간 지키기,

준비물 등의 양적으로나 질적으로 더 넓어진 영역의 책임을 부여받게 된다. 그들은 스스로 확장된 정체감을 갖게 하는 다양한 과제를 떠맡게 된다. 이 시기에는 가정 밖의 보다 큰 세상 속에서 자신의 존재 의미를 받아들이고 탐색하는 것이 가장 중요하다. 아동들은 열심히 공부할 때 좋은 성적을 얻을 수 있듯이 미래 업무에서 성공하려면 열심히 일해야 한다는 노력의 필요성과 성공적인 성취를 위해 능력을 키워야 함을 점차 인식하게 된다.

3) 진로발달을 위한 청소년기 과업

청소년들은 학교에서 대부분의 시간을 보내게 된다. 초등학교 시절에 이루었던 성취와 자신감을 새롭게 개발시켜야 하는 부담감을 갖게 된다. 이 시기에는 학교생활에서의 성공이 또래 사이에서 사회적 위치로 평가되기도 한다. 청소년기의 모든 활동은 진로와 직접적인 관련이 없어 보일지라도, 그들의 흥미와 능력을 나타낸다. 청소년기의 또 다른 중요한 진로발달 과업은 봉사활동이나 용돈 벌기 등을 통해 책임감과 성취감을 개발시키는 것이다.

구체적으로 중학생 즈음 되면, 다양한 사회참여를 통해 자신의 현실적 능력을 검증받게 되어 현실적인 흥미와 능력을 중요시하게 된다. 점점 커져 오던 꿈이 작아지는 경향이 있는데, 그 이유는 자신의 능력적인 면을 중심으로 흥미, 성격, 가치관, 학교성적, 신체조건 등을 반영하여 희망직업을 갖게 되기 때문이다. 예를 들면, 막연히 범죄 심리학자가 되고 싶어 하던 중학생은 드라마를 통해 그들이 하는 일과 해야 할 공부, 감수해야 할 위험 등에 대해 구체적으로 알게 된 후 꿈을 바꾸기도 한다.

한편, 고등학생 시기가 되면 자기의 정체성을 발달시키고 가치관 명료화와 함께 직업 정체성도 함께 탐구하게 된다. 그들은 이때부터 취업이나 진학에 대한 선택으로부터 압박을 받게 된다.

그러나 우리나라 현실상 상당수의 고등학생들이 공부에만 열중한 나머지 자신의 진로에 대해 심도 있게 고민해 보지 않기 때문에 부모나 주위 사람들의 제안으로 결정하고 나서 결국 나중에 후회한다. 진로에 대한 명확한 설계나 고민이 없이 대학에서 공부할 전공을 선택하거나 취업장 문을 두드렸다가 다시 대학입시를 준비하거나 이직을 하는 경우가 많다.

따라서 청소년들이 보다 적절한 진로선택을 하도록 하기 위해서는 어린 시기부터 연령에 맞는 진로지도와 교육을 통해 합리적인 진로설계를 할 수 있도록 도와야 할 것이다.

표 1 대학입학생의 전공학과 및 대학의 결정시기(한국교육개발원, 2009)

구분	전공학과 결정(%)	대학의 결정(%)
고등학교 입학 전	14.7	7.6
고등학교 1학년 재학 중	11.5	6.7
고등학교 2학년 재학 중	11.3	8.9
고등학교 3학년 재학 중	26.0	28.8
대학 입학원서 작성할 때	22.5	29.0
대학 등록할 때	13.9	19.0
합계	100	100

3. 진로문제 유형

진로문제를 가진 내담자들의 문제를 분석해 보면 몇 가지 유형으로 분류할 수 있다. 많은 이론가들이 진로상담 내담자를 다양한 방식으로 분류하고 있으나, 본서에서는 고등학생을 대상으로 한 김봉환과 김계현(2007). 장선철(2004)의 분류와 대학생을 대상으로 한 **Cohen, Chartrand와 Jowdy(1995)** 와 박미진 등(2001)의 분류를 간략하게 살펴보겠다.

1) 고등학생의 진로미결정 유형

고등학생을 대상으로 한 진로문제 유형은 Cohen, Chartrand와 Jowdy(1995)과 박미진 등(2001)의 분류를 살펴보겠다.

(1) Cohen, Chartrand와 Jowdy(1995)의 분류

Cohen, Chartrand와 Jowdy(1995)는 고등학생의 진로미결정 유형을 성격적 차이에 따라 결정할 준비가 되어 있는 유형, 발달적 미결정 유형, 선택불안이 있는 유형, 만성적 우유부단 유형으로 분류하였다.

① 결정할 준비가 되어 있는 유형

이 유형은 이상적인 집단으로 진로에 대한 불안이 낮고 자아존중감이 높으며 직업적 정체감이 잘 형성된 유형이다.

② 발달적 미결정 유형

이 유형은 정서적으로 안정되어 있고 자아존중감이 높으며 불안이 낮다. 또한 지식의 필요성을 느끼고 있으나 자신이나 직업에 대한 분명한 이해가 되어 있지 않은 유형이다.

③ 선택불안이 있는 유형

여기에 속하는 청소년들은 선택에 대한 불안이 높고 지식의 필요성을 거의 느끼지 못하며, 직업적 정체감도 낮은 유형이다.

④ 만성적 우유부단 유형

이 집단의 청소년들은 목표지향성과 자아존중감이 낮고, 진로와 자기 이해에 대한 필요성은 높으나 직업적 정체감은 낮은 유형이다.

(2) 박미진 등(2001)의 분류

박미진 등(2001)은 고등학생을 대상으로 진로결정 유형을 역기능적 인지에 따라 진로결정-확신 유형, 진로결정-불확신 유형, 진로결정-불안정 유형, 진로미결정-불안정 유형, 진로미결정-미불안 유형, 진로미결정-혼란 유형, 진로미결정-역기능 유형으로 분류하였다.

① 진로결정-확신 유형

이 집단의 청소년들은 진로결정상의 문제나 어려움이 거의 없으며 진로확신이 높은 유형이다. 이들은 불안수준이 낮아 확실하게 진로를 결정

하였으나 진로정보를 필요로 한다. 발달적 측면에서 선택한 진로에 대한
계획수립이나 실행을 하고 있다.

② 진로결정-불확신 유형
이 유형의 청소년들은 진로를 이미 결정했고 그 결정에 대해 불안감은
크지 않은 유형이다. 그러나 이들은 아직 진로결정에 확신이 확고하지 않고
의구심을 가지고 있다.

③ 진로결정-불안정 유형
이 집단은 의사결정 과정에서 높은 역기능적 진로사고의 가능성이 있는
유형이다. 이들은 성급한 결정에 대한 불안감과 의사결정과정의 합리성에
대한 혼란감을 가지고 있다.

④ 진로미결정-불안정 유형
여기에 속하는 청소년들은 아직 진로결정을 하지 못한 유형이다. 이들은
진로결정에 대한 동기부족이나 전반적인 준비가 부족하다.

⑤ 진로미결정-미불안 유형
이 청소년들은 진로결정상의 문제가 있을 가능성이 있는 유형으로 진로에
대한 확신감은 낮으나 불안은 상대적으로 높지 않은 상태이다. 이들은 자신이
진로를 결정하지 않은 상태에 대해 지금은 그리 염려하지 않고 있다.

⑥ 진로미결정-혼란 유형

이들은 비합리적이거나 성급한 판단을 했을 가능성이 있는 유형으로 불안보다 인지적 혼란감이 특징이다.

이들은 자신의 진로에 대한 대안들을 찾아 결정을 내리기를 원하지만 중요한 타인이나 자신이 원하는 관심 분야를 찾지 못하고 있다. 불안보다 인지적 혼란감이 특징이다.

⑦ 진로미결정-역기능 유형

여기에 속하는 청소년들은 진로선택이 부담스러워 빨리 결정을 내리고 싶으나 결정경험이 별로 없어서 결정에 어려움을 겪고 있는 유형이다.

이들의 어려움은 진로미결정이 확신수준의 문제보다는 역기능적 사고에 의한 문제이다.

2) 대학생의 진로문제 유형

(1) 김봉환과 김계현(2007)의 분류

김봉환(1998)은 대학생의 진로결정유형을 진로결정의 인지수준과 행동의 이차원적인 축을 근거로 다음 그림과 같이 A타입(이상적 유형), B타입(유사유형), C타입(행동 유형), D타입(미성숙 유형)으로 분류하였다.

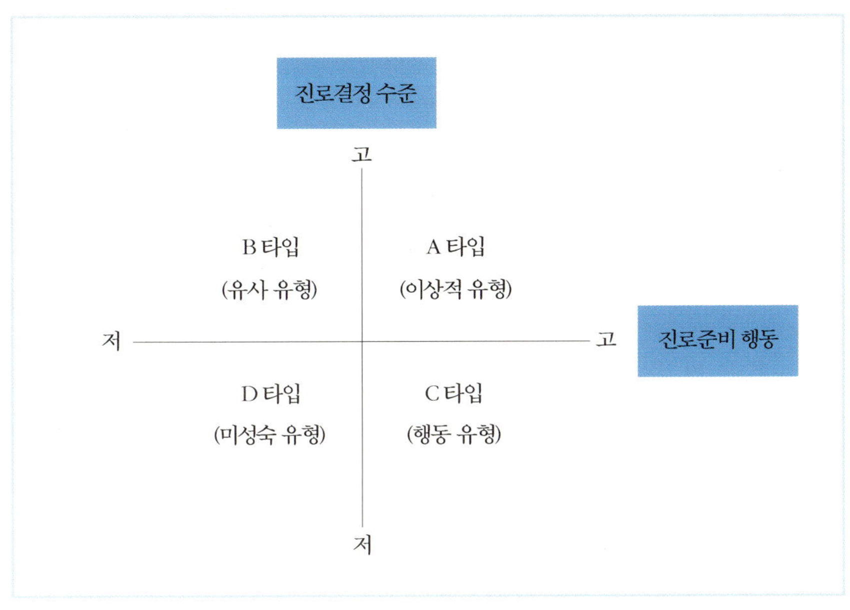

진로결정 수준과 진로준비 행동에 따른 4가지 유형(김봉환, 1998)

① A타입: 이상적 유형

이 타입은 이상적인 유형으로 진로결정과 진로준비 행동을 활발하게 하는 특징이 있다. 이들은 자신의 합리적인 사고를 거쳐서 확실히 결정한 가운데 그를 달성하기 위해서 많은 노력을 기울인다.

② B타입: 유사 유형

이들은 진지하지 못한 유형으로 진로결정 수준은 높으나 진로준비 행동이 매우 부족한 특징이 있다. 이들은 진로를 결정했다고 표현은 하지만 실제로 그를 추구하려고 하는 동기가 매우 미약하다. 따라서 진로결정은 했으나 실제적인 행동을 하지 않는다.

③ C타입: 행동 유형

이들은 행동지향적인 유형으로 진로결정 수준은 낮으나 진로준비 행동은 매우 높은 특징이 있다. 이들은 자신의 진로에 대해서 뚜렷한 방향감도 없으면서 진로와 관련하여 매우 열심히 행동하며, 무엇인가를 활발하게 추구한다.

④ D타입: 미성숙 유형

이 유형은 미성숙한 유형으로 진로결정 수준도 낮고 진로준비 행동도 매우 빈약한 특징이 있다. 이들은 자신의 진로에 대해서 뚜렷한 방향감도 없으며, 실제적인 진로준비 행동도 거의 하지 않는다.

(2) 장선철(2004) 분류

장선철(2004)은 대학생의 진로결정 유형을 결정성, 편안성, 이유에 따라 결정-이상 유형, 결정-회피 유형, 결정-강박 유형, 미결정-혼돈 유형으로 분류하였다.

① 결정-이상 유형

이 유형은 진로결정이 확고하며 그 결정에 대해 편안한 상태이다. 이들은 현재 자기가 결정한 진로보다 더 나은 진로를 탐색하면서 자신을 늘 객관화하려는 욕구가 강한 특징이 있다.

② 결정-회피 유형

이 유형은 진로를 결정했다고 하나 그 수준은 깊지 못한 상태이다. 이들은 자기 장래 진로 문제를 신중하게 생각하지 않고 회피하려는 경향이 있다.

③ 결정-강박 유형

이 유형은 진로결정을 중요하게 생각하고 진로결정에 대한 강한 욕구와 진로결정에 대한 독립성이 있는 특징이 있다. 그러나 성격, 흥미 능력 등의 자기이해와 충분한 직업정보 그리고 결단력이 없다. 따라서 그 욕구나 독립성이 오히려 심리적 불안을 초래하여 조급하게 진로를 결정한 상태이다. 이들은 진로결정은 했지만 시간이 흐를수록 점점 더 마음이 불편한 상태가 된다.

④ 미결정-혼돈 유형

이 유형은 자신의 진로결정에 대해 매우 불편한 상태로 진로결정에 부담감을 많이 느끼는 유형이다. 스스로 무언가를 결정해 본 경험이 부족한 만성적인 우유부단, 직업세계의 극단적인 부족으로 혼돈 속에서 진로를 결 정하지 못하고 있는 상태이다.

4. 진로결정에 영향을 주는 것은 무엇인가?

본 장에서는 청소년들이 자신의 진로를 결정하는 데 영향을 미치는 다양한 요인들에 대해 살펴보겠다. 개인이 가지고 있는 성, 신체와 외모, 종교, 나이, 지능, 흥미, 적성, 성격, 가치관 등의 개인적 요인뿐만 아니라 가정, 학교, 또래, 선배 등의 외부환경도 진로결정에 매우 중요한 역할을 한다. 위와 같은 요인들은 복합적으로 상호작용하여 진로선택에 더 큰 영향을 미치게 된다. 본 장에서는 진로선택에 영향을 미치는 요인을 개인적 요인, 가정적 배경, 학교와 또래 집단, 성역할의 사회화, 일의 경험으로 구분하여 살펴보겠다.

1) 개인적 요인

Herr와 Cramer(1996)는 진로를 선택하는 요인을 크게 일반요인과 특수요인으로 구분하였다. 일반요인에는 사회계층, 인종, 문화, 나이, 성별 등이 포함되고, 특수요인으로는 적성, 지능, 흥미, 직업, 명성, 가치, 요구, 자아개념 등이 포함된다.

본 장에서는 일반적 요인을 성별, 신체와 외모, 종교, 나이로 구분하고, 특수요인을 흥미, 적성, 가치관, 성격으로 구분하여 살펴보겠다. 특수요인은 PART 02의 내용과 중복되므로 간단하게 제시하였다.

(1) 일반적 요인

① 성별

진로결정에 영향을 주는 변인 중 하나는 성별이다. 이는 어린 시절 아동들이 가지고 노는 장난감의 종류와 선호하는 색상으로부터 시작된다. 남아는 파랑 계열을 선호하고 퍼즐이나 로봇과 같은 장난감을 가지고 논다. 따라서 사업, 기술, 기계, 법률, 과학, 의학 등의 분야로 성역할을 형성할 가능성이 높다. 반면 여아는 분홍 계열을 선호하고 인형놀이나 소꿉놀이를 하며 논다. 따라서 교육,

간호, 건강 분야로 성역할을 형성하게 될 확률이 높다.

그러나 최근 많은 직업에서 남성과 여성의 고용 기회는 교차되고 있다. 무거운 것을 들고, 올리고, 옮기고, 밀고, 잡아당기는 등의 업무를 수행하는 직업에서는 여성이 불리하겠지만, 많은 직업에서 남성과 여성의 신체적 차이는 중요하지 않게 되었다(Harris, 1976). 이러한 변화는 여성들이 전통적인 직업만을 고집하지 않고 다양한 직업분야로 진출하는 데 기여하였다(Astin, 1984).

그럼에도 불구하고 직업에 대한 선호와 관심은 아직까지도 남성과 여성에서 큰 차이를 보이고 있다. 진미석(2002)의 연구에 의하면 남학생들은 전체 직업군에 대해 비교적 다양한 직업군을 선호하는 반면 여학생들은 교사, 미용, 디자인 등과 같은 전통적인 직업군을 선호하고 있다. 이러한 경향은 여학생들의 진로에도 상당한 영향을 미치게 된다. 최근 고용이 늘어날 것으로 예측되는 분야가 기술공학 분야, 컴퓨터관련 분야, 과학연구 분야 등 여학생들이 대체로 선호하지 않는 분야이기 때문이다. 따라서 여학생을 대상으로 한 양성평등적 진로지도가 절실히 필요하다

직업을 선택하는 이유를 살펴보면 남학생들은 '경제활동 참여'를 위한 수단으로 인식하고 있는데, 여학생들은 '자신의 소질과 적성을 펼칠 수 있는 기회를 얻기 위한 것'으로 인식하고 있다(한국직업능력개발원, 1998, 1999). 다시 말해 여학생들은 남학생들에 비해 내적 가치(심리적 요인)를 외적 가치(외부적 요인)보다 더 중요하게 생각한다. 그 결과 여학생들은 외부환경인 직업세계 탐색을 통해서 합리적으로 의사결정을 하려는 욕구보다는 심리적 요인에 비중을 두면서 보수적이며 이상적인 성향을 나타낸다.

그 외에도 진로관련 변인에 대한 성별차이는 진로결정 수준과 진로성숙도, 진로태도 등에서 남학생들보다 여학생들이 더 높은 경향이 있다(김정숙, 2006). 남학생보다 여학생들이 진로결정 수준이 더 높게 나타나는 이유는 부모나 주변 인물들이 거는 직업적 기대가 남학생에 비해 여학생에게 비교적 현실적이고 적절한 수준이기 때문이다.

이로써 진로목표를 이룰 가능성이 더 커진다. 반면, 남학생들은 진로결정 시 자아실현이나 흥미, 적성, 성격 등의 내적 요인보다는 부모나 주변인물의 기대, 사회적 지위 결정, 생계유지의 책임감, 가문의 유지 및 발전, 배우자 선택 등의 외적 요인에 영향을 받기 때문에 진로결정에 대한 부담이 커 진로의식이 낮아질 수밖에 없다. 또한, 직업을 선택할 때 남학생들은 리더십과 협동성, 권력과 명예, 수익성을 중요하게 고려하는 반면, 여학생들은 전문성과 안정성을 중요하게 고려한다(김정숙, 2006).

다른 연구(이기학·한종철, 1997)에서 남학생들은 직업에 대한 준비도는 미흡하지만 직업에 대한 자신감은 높고 생계유지 측면에서 직업을 고려하는 경향이 있다. 반면 여학생들은 자신의 욕구와 맞는 직업을 선택하기보다 사람들이 좋게 여기는 직업을 선호하는 경향이 있다.

② 외모와 신체

최근 사회는 외모를 중요시하고 외모를 가꾸기 위한 관심이 하나의 사회적 이슈로 확산되고 있다. 인간이 가진 다양한 능력 중 외모도 하나의 능력으로 인정받으며, 신체적 조건과 외모는 개인을 평가하는 하나의 중요한 기준이 되고 있다. TV, 영화, 신문, 잡지, 인터넷 등의 대중매체의 영향으로 이른바

'얼짱', '몸짱', 'S라인', '베이글녀', '꿀벅지' 등의 신조어가 일반화되고 있는 실정이다. 개인은 외모를 통해 자신의 가치를 내면화하고 있으며, 타인에 대한 감정을 결정한다.

특히 신체적·인지적·정서적 발달이 급격한 청소년 시기의 신체와 외모는 진로발달에도 중요한 영향을 미칠 수밖에 없다. 청소년기는 신체적으로 2차 성징이 나타나고 신체발달이 급격히 이루어지는 시기이다. 정신적으로는 자아정체감을 확립하기 위해 자기 자신에 대해 많이 생각하게 되는 시기이다. 사회적으로는 또래 집단을 어느 시기보다 중요시하여 친구 집단에 소속되고자 노력하게 되고 타인의 평가에 민감해진다.

즉, 타인을 많이 의식하기 때문에 신체와 외모에 대한 관심이 고조되며, 외모에 대한 만족 여부는 기분이나 행동에 영향을 주어 이에 만족할 때는 더 자신감이 생기고 적극적인 행동을 보이나 그렇지 못할 때는 심리적으로 위축된다(심정은·고애란, 1997; 이미숙, 2000). 자기 외모에 만족하는 사람은 안정적이고 확실한 자기개념을 가지며 자아존중감이 높다(김정애, 2001). 그리고 청소년기의 자아존중감은 자신에 대해 내리는 평가와 타인이 자신에 대해 내리는 평가에 대한 수용과 존경으로 볼 수 있다. 청소년에게 외모와 자아존중감은 관련이 있으며, 외모적 특성과 개인차에 따라 달라진다(서윤경, 2003). 이와 같이 외모는 청소년들이 진로결정을 하거나 진로의식을 구체화하는 데 필요한 자신감과 관련이 있어 간과할 수 없는 변인이다.

신체적 특성과 건강상태 또한 직업선택에 중요한 영향을 미친다. 신체가 건강하고 체력이나 체격이 좋으면 직업선택에 어려움이 별로 없겠지만, 신체적 장애가 있다면 해당분야에 흥미, 적성, 가치, 성격 등이 일치하더라도 자신의 신체조건을 고려하여 직업을 선택하는 것이 바람직하다(김충기, 2001). 외모가 매력적인 사람은 그렇지 않은 사람보다 더 재미있고, 안정되어 있으며, 사교적이고 독립적이며, 성격이 온화하며, 더 지능이 우수하고, 더 유쾌하다고 평가되는 경향이 있다(송미현, 2004).

③ 종교

종교 활동이 심리적 안녕감과 관련이 없다는 주장(백준흠, 2000)도 있지만, 대체로 종교 활동은 심리적 안녕감에 긍정적인 영향을 미친다는 주장이 대세이다. 종교를 가진 청소년들은 종교를 가지지 않은 청소년들에 비해 가정생활과 학교생활이 더 안정적이며 비행 참여정도도 낮았다(박무용, 1999; 허영기, 2003).

종교 활동을 통해 개인은 인간적으로 수용되고 존중되고 친밀감을 느끼는 정서적 지지뿐만 아니라 전공분야나 취업과 관련된 정보교류, 학업에 관한 동기부여를 받는 등 도구적 지지를 제공받는다(Halamandaris & Power, 1997). 아울러 종교를 가진 사람들은 자신이 믿는 신이나 초월적 존재를 통하여 자기를 이해하고자 하며, 이를 통해 삶의 의미와 목적을 찾으려 하기 때문에 종교 활동은 인간이 자신의 정체성을 찾는 데 중요한 역할을 한다. 결국 종교는 자신을 좀 더 정확하게 이해하게 하고 자신에게 적합한 진로결정 및 진로준비를 할 수 있도록 만들어 준다고 할 수 있다(오수진, 2011).

④ 나이

개인은 나이에 따라 각 발달단계의 과업을 잘 수행해 가며 진로발달을 적절하게 이루어 가야 한다. 초등학교 시기 아동은 자신의 특성보다는 주로 사회적 지위와 같은 직업의 특성을 많이 고려한다. 즉, 이 시기의 아동은 아직까지도 자신의 능력을 구체적으로 인식하고 있지 않는 것이다. 초등학교 고학년 아동들은 높은 학력을 요구하는 직업과 전문적인 직업을 희망하는 것으로 나타났으며, 여학생이 남학생보다 높은 학력을 요구하는 직업을 선호하였다(Trice et al., 1995). 이때부터 점차 자신과 직업에 대해 현실적으로 인식이 가능하게 되어 자신이 희망하는 직업과 실제로 가지게 될 것 같은 직업의 차이를 인식하게 된다. 희망하는 직업의 사회적 지위 수준은 발달상 중학교 2학년경에 최고에 달했다가 그 이후에 점차로 떨어져 현실적인 수 준으로 맞추어진다(Helwig, 2001).

아동들은 직업과 그 직업에서 얻을 수 있는 소득수준을 연결시킬 수 있을 만큼 나이가 들면 점차 사회적 지위가 높은 직업을 원하게 된다. 그러다가 자신의 능력에 대한 현실적인 인식이 시작되면서 희망하는 직업의 사회적 지위수준은 어느 정도 낮아진다.

(2) 특수요인

① 흥미

흥미란 어떤 대상에 특별한 관심이나 주의를 갖게 되는 감정을 의미하며, 어떤 활동에 끌리는 개인의 일반화된 행동경향으로 동기유발의 성질을 지니고 있다(지용근·김옥희·양종국·김희수, 2005). 흥미는 진로의사결정과 행동을 예언해 주는 가장 중요한 변인으로 알려져 있다. 최근 지능검사나 적성검사의 사용은 점차 감소되고 있으나, 흥미검사의 사용은 점차 증가되고 있다. 흥미는 지능이나 적성에 비해 능력과의 관계가 적지만 직업선택이나 직업만족에는 밀접한 관계가 있다. 따라서 진로를 선택할 때 흥미뿐만 아니라 지능, 적성, 성격, 가치관 등을 종합적으로 고려하는 것이 중요하다. 그러나 흥미는 어떤 과업을 지속적으로 추진하는 데 중요한 요인임에는 틀림없으므로 진로상담에서 흥미를 유발할 수 있도록 돕는 것이 중요하다. 따라서 직업 흥미는 직업선택, 직업의 지속, 직업에서의 만족, 직업에서의 성공과 밀접한 관계를 갖고 있어 중요한 동기유발 요인이 된다(김남규, 2000).

② 적성

적성이란 미래의 어떤 직업이나 분야에서 일을 수행하거나 학습할 수 있는 개인의 능력을 의미한다. 적성은 학습을 위한 준비도이며, 한 사람이 어떤 직업이나 훈련과정에서 성공할지를 예언하고자 하는 정도이다. 적성검사의 결과는 학업수행 정도와 훈련에서의 성공을 잘 예언해 주기 때문에 진로 선택과 직업에서의 적응에 직접적인 영향을 미치는 요인이다(Herr & Cramer, 1992).

③ 가치관

가치관은 개인의 행동기준이 되는 것으로 가치관이 어떤가에 따라서 진로 선택은 영향을 받게 된다. 진로결정에서 가장 먼저 자신이 가장 중요하게 생각하는 것이 무엇인가에 대해 결정해야 한다(Hoyt, 1973). 직업 가치관은 동기의 기능, 만족추구의 기능, 선택과 결정의 참고자 기능, 방향설정 기능, 자아개념 통찰의 기회제공 기능 등 다양한 기능을 한다. 진로성숙도가 높은 사람들은 내면적 가치를 더 중시하고 다른 사람들에 의한 영향을 덜 받고 정보수집과 자기 이해에 관한 활동을 좀 더 하는 경향이 있다(송재홍·천성문, 1995). 따라서 자신의 가치관, 능력, 흥미 등과 좀 더 일치하는 직업을 선택하고 만족해하는 경향이 있다(Gasper & Omvig, 1976). 또한, 자신의 가치가 명료화되어 있는 사람은 자신의 결정력을 발휘하여 만족한 삶을 위해 생산적이고 능률적으로 진로를 탐색하고 선택하게 된다(이수용, 1986). 결론적으로 직업가치관은 진로를 선택하고 결정하는 데 많은 영향을 미치며, 나아가 직업생활에서의 직업만족도 결정에도 영 향을 준다.

④ 성격

성격이란 한 개인이 다른 사람에게 드러내 보이는 전체적인 인상을 의미한다. 성격은 행동을 통해 표현되므로 행동을 이해하고 예언할 수 있는 변인이다. 성격은 특질, 가치관, 태도, 신체적 속성과 지적 속성, 그리고 사회적 기술과 대인관계 경험들로 구성되는데, 이러한 구성요소들은 각 개인들을 구별하고 새로운 장면에서 개인의 행동을 예언하는 역할을 한다.

2) 가정적 배경 요인

(1) 집안 분위기

개인의 진로발달은 어느 한순간에 이루어지는 것이 아니라 인생의 전과정을 통하여 변화, 발전하는 과정으로서 개인의 특성과 가족 내의 상호 작용과 정서적 상호의존은 매우 중요한 영향을 미친다(Basow & Howe, 1979; Whiston & Keller, 2004). 부모의 사랑과 보호 아래서 성장한 사람은 사람과의 상호작용이 많은 봉사적인 직업을 선택하고, 부모의 무관심과 배척 속에서 성장한 사람은 사람과의 상호작용이 적은 직업을 선택하게 된다(Roe, 1956). 세계 최고의 교육열을 자랑하고, 유교적 전통문화를 가진 우리나라에서 청소년의 진로선택은 개인의 선택이 아니라 가정환경, 특히 부모의 사회 · 경제적 지위에 의해 좌우되는 집안 분위기에 의해 영향을 받는다.

(2) 부모의 직업

가족은 여러 가지 측면에서 청소년의 직업의식 형성과 진로결정에 중요한 영향을 미친다. 특히 부모의 직업은 청소년의 직업의식화에 큰 영향력을 행사한다. 어린 시절부터 부모의 직업에 대하여 보고 들으며, 부모의 일터에 가기도 한다. 어떤 때는 부모의 일을 돕게 되는데, 이때 청소년들은 부모의 직업에 친숙감과 적응력을 키우게 된다. 또한 부모가 자녀에게 직업인으로 어떤 모델이 되어 주느냐에 따라 진로의식에 영향을 미치게 된다. 예를 들어 어머니가 직업을 갖고 열심히 일하는 모습을 보이고 자부심을 가지고 있는 경우, 자녀의 진로결정에 긍정적이며 강력한 영향을 미치게 된다. 아버지만 직업을 가지는 경우와 달리 부모가 모두 직업을 가지고 있다면 청소년들은 부모 모두로부터 직업의식 형성에 영향을 받을 수 있다.

(3) 부모의 사회·경제적 지위(사회계층)

저소득층 청소년은 중산층 청소년에 비해 학교 교육을 받을 기회가 제한될 가능성이 크다. 따라서 가난한 가정의 청소년들은 높은 학력이 요구되는 전문적 직업을 가질 가능성이 적다. 그러므로 때로는 이러한 구조적 제약을 미리 포기하고 스스로 단순노무직을 선택하기도 한다. Rosenberg(1957)는 부유한 가정의 자녀는 사업, 의학, 법률 계통의 직업을 선호하는 경향이 있다고 하였다.

최근 진로에 대한 관심이 고조되어 청소년들의 소질과 적성 등을 중심으로 진로를 결정할 수 있도록 학교나 청소년 관련기관 등에서 진로상담과 다양한 진로프로그램을 진행하고 있다. 그러나 여전히 청소년들은 자신의 특성에 맞는 진로를 선택하기보다는 가정환경이나 부모의 사회·경제적 배경에 따라 진로를 결정하는 경우가 많다. 이러한 경우 부모의 사회계층은 자녀의 진로결정에 영향을 미치고 경제활동에 그대로 대물림이 된다. 즉, 가정환경이 여유로운 청소년은 별다른 어려움 없이 진로를 결정하고 미래가 보장되는 직업을 가질 것이고, 가정환경이 어려운 청소년은 자신의 적성과 소질 등 특성을 제대로 살리지 못하고 취업을 해야 하는 처지에 놓일 가능성이 크다(김성환·박상우, 2008). 가정의 사회·경제적 위치는 청소년의 교육수준, 직업포부 등을 결정하는 정서·문화적 환경을 조성하고 결과적으로 진로선택 및 진로발달에 영향을 미친다(Miller & From, 1951).

Harold와 Eccles(1990)는 1,500명의 어머니와 그들의 청소년 자녀를 대상으로 어머니의 기대, 조언, 기회제공 등이 청소년의 직업적 열망에 미치는 영향력을 검토하였다. 그 연구결과에 의하면, 어머니들은 일반적으로 아들과는 군대, 진학, 직업, 수입, 가족부양 같은 주제를 가지고 이야기를 하는 반면, 딸과는 일과 가정생활의 조화, 행복한 결혼 등에 관해 토론하는 경향이 있는 것으로 나타났다. 또한 아들에게는 컴퓨터, 수학, 과학, 스포츠 등에 관한 정보, 책, 프로그램 등을 제공하는 반면, 딸에게는 문학, 음악, 미술 활동 기회를 더 많이 제공하는 것으로 나타났다. 결국 이와 같은 연구는 부모의 성차별적 사회화가 자녀의 직업적 열망에 중요한 원천이 될 수 있다는 사실을 짐작하게 한다.

3) 학교와 또래 집단 요인

(1) 교사

청소년들은 교사로부터 장래의 진로에 대한 정보를 얻게 되는데, 담임교사의 진로지도나 상담교사의 진로상담은 청소년들이 제공받는 비교적 체계적인 진로정보 획득수단이다. 특히 학교에서의 진로지도가 비전문가들에 의해 이루어지거나 단순히 학업성적에 의한 진학상담에 불과한 경우가 대부분이라는 비판에도 불구하고 청소년의 진로결정은 학교를 통해 이루어지는 경우가 많다는 사실은 부인하기 어렵다. 그만큼 학교는 청소년의 진로에 결정적인 영향력을 행사하고 있다.

또래 집단은 직·간접적으로 청소년의 진로결정에 영향을 미친다. 친구들과의 어울림은 직업가치 형성에 직접적으로 큰 영향을 미치는 것으로 보이지는 않는다. 그러나 또래 집단은 학문 지향이라든지 일탈지향 같은 강력한 하위문화를 형성함으로써 간접적으로도 진로결정에 영향을 미친다(Clark, 1992). Simpson(1962)은 비록 가난한 가정 출신일지라도 그들의 부모와 친구가 높은 지위를 추구한다면 그들 또한 높은 지위의 직업을 추구하는 경향이 있다는 사실을 밝힌 바 있다.

4) 성역할 발달과 사회화 요인

성에 대한 고정관념이나 성역할 사회화도 진로결정에 매우 큰 영향을 준다. 아직도 많은 여성들은 직업 또는 사회적 성취보다는 자녀양육을 미덕으로 생각하도록 사회화되고 있다. 따라서 여학생들은 남학생들에 비해 자신의 진로에 대해 진지하게 생각하지 않는 경향이 있고, 교사나 약사같이 전통적으로 여성에게 적합한 것으로 인식된 직업에만 관심을 두는 경우가 많다. Gottfredson(1981)에 따르면, 어린 아동기부터 성역할에 따라 자신과 다른 성이 하는 직업이라고 생각하는 직업을 가능한 진로대안 영역에서 제외하는 현상이 나타나고, 그러한 진로대안 영역이 이후 청소년기까지 지속된다고 보았다. 반면에 Super는 아동기에서 청소년기에 걸쳐 직업과 진로탐색이 이루어지고, 이에 따라 직업정보를 습득하게 되면서 고려하는 직업의 범위는 넓어진다고 보았다. 또한 발달이론에서는 2~3세경이면 성에 대한 정체성이 이미 시작되어 이후 남자와 여자의 일을 구분하기 시작하며, 아동기에 자신의 성에 맞는 역할이 무엇인지 탐색한다고 본다(곽삼근·조혜선·윤혜경, 2005). 그런데 청소년기가 되면 기존에 자신이 습득한 성역할에 대해 순응하기도 하고 도전하기도 하면서 성정체감의 확산이 일어나기도 하고 성정체감의 폐쇄가 일어나기도 한다. 즉 청소년기에 성정체감이 확산되면 고려하는 직업이 확장되기도 하고 성정체감이 폐쇄되면 이전에 습득한 역할이 고정되기도 한다는 것이다(곽삼근·조혜선·윤혜경, 2005).

5) 다양한 직업과의 접촉경험 요인

아동과 청소년기에 여러 가지 직업과 관련된 일을 직접, 간접적으로 경험해 보는 것은 장래 진로를 결정할 때 넓은 시야를 확보하고 선택의 폭을 넓힐 수 있도록 돕는다. 학생시절에 다양한 직업현장을 경험한 학생들은 직업세계의 현실을 매스컴이나 책으로만 경험한 집단보다 훨씬 더 명확하게 이해할 수 있다. 직업현장에서 직접 주인공이 되어 일을 함으로써 학생들은 어떻게 일자리를 구하고 그것을 유지하며, 어떻게 돈과 시간을 관리해야 하는지를 알게 된다. 결국 이런 일의 세계에 대한 이해가 졸업 후 노동시장에 들어가서 도움을 주기 때문에 학생취업은 취업률, 소득 등으로 측정된 노동시장 성취 수준 등에 긍정적으로 기여하게 된다(Wright & Brody, 1996). 즉, 학생들의 시간제 아르바이트가 보다 건전하게 기능할 수 있다면 보다 현실적 직업의식을 가지게 하고 책임감을 갖고 열정을 쏟게 하는 좋은 기회가 될 수도 있다.

5. 진로결정을 방해하는 심리적 특성

진로문제로 고민을 하는 청소년들 중에는 부모나 교사, 친구들과 같은 타인에게 전적으로 의지하며 "선택해 주면, 결정해 주면" 그대로 따르겠다는 식의 수동적 입장을 취하는 경우가 많다. 이러한 청소년들은 충분한 자기 이해 시간을 갖지 못했거나, 결정에 자신이 없거나, 의사결정에 서툴거나 책임지고 싶어 하지 않는 등의 다양한 심리적 취약성을 지니고 있다. 최명선 · 강지희(2009)는 대학교를 중도에 탈락하는 학생들을 대상으로 인과적 조건에 대해 밝힌 바 있다. 대학을 중도에 탈락하는 많은 학생들은 청소년기에 자신의 진로에 대해 근본적인 고민이 부족하였거나 부모의 선택에 끌려온 경우가 많았다. 청소년 시기 진로결정은 자아정체감 확립과 함께 중요한 발달과업이며, 부모를 비롯한 중요한 타인들로 인해 진로결정에 많은 속박과 압력을 받기도 한다. 이런 상황에서 청소년들은 스트레스를 경험하게 되고 힘든 시간을 이겨 내면서 자신의 길을 스스로 선택하기보다는 상황을 피하거나 결정 앞에서 소극적인 태도로 일관하는 방식을 선택하게 된다. 이들 청소년의 마음에 도대체 어떤 장애물이 숨어 있는 것일까? 다음에서는 청소년들이 자신의 진로를 결정해 가는 데 어떠한 심리적 장애가 있는지에 대해 살펴보겠다.

1) 심리적 취약성

진로를 탐색하고 고민하는 과정은 결코 쉽고 간단하지 않다. 자신을 잘 이해해야 할 뿐만 아니라 다양한 정보를 통해 그 부합성을 판단해야 한다. 그러나 요즈음의 청소년들은 이렇게 고단하고 힘겨운 과정에서 잘 버티기가 어렵다. 즉각적인 만족이나 충동적 행동, 자극 추구와 같은 성향들은 진로선택과 같은 힘든 과정을 견디어 내는 데 큰 장애가 된다. 선택과 결정 앞에서 복잡한 자신의 모습과 험난한 직업의 세계, 불확실한 미래를 탐색하고 고민해 내는 고단한 탐험을 이겨 내기에 요즘의 청소년들은 심리적으로 강인하지 못하다는 점이 하나의 장애가 될 것이다.

2) 진로의식 결여

요즈음의 많은 부모들은 자녀들을 위해 작은 위기상황에서도 급히 달려가 주는 헬리콥터족이거나 따스하고 편안한 아기 주머니를 앞에 단 캥거루족이기를 자처한다. 진로결정도 마찬가지이다. 자신이 굳이 노력하지 않아도 부모나 과외교사, 자문가가 해결해 준다는 생각에 스스로 진로를 결정해 가야 한다는 의식이 부족하다. 자신의 진로를 스스로 찾고 선택해야 한다는 의식의 부족은 의지의 부족을 낳고 결국은 실천 행동으로 옮기는 길이 멀어지게 된다. 자신의 삶에 대한 진지한 고민, 책임 있는 행동, 부단히 노력하는 태도 등은 충만한 진로의식이 바탕이 되었을 때 실행될 수 있는 것이다.

3) 자기결정 능력의 부족

자녀에 대한 부모의 과잉불안, 과잉간섭, 과잉통제, 과잉애정 등과 같은 과보호적 태도는 자녀가 자기결정 능력을 키우는 데 큰 방해가 된다. 실패를 무릅쓰고도 자신이 결정을 하고 결정에 대한 책임을 지는 방법은 자기 유능감을 키우는 데 매우 중요하다. 어린 시기부터 아동에게 먼저 결정권을 주고 실패를 얻더라도 시행착오를 통해 배울 수 있는 양육환경을 만들어야 한다. 자기결정의 기회를 많이 가지는 청소년은 진로선택과 결정 앞에서도 적극적으로 행동하고 그에 따른 책임도 질 수 있다.

4) 자기탐색의 어려움

현재 우리나라는 경쟁적인 구조의 학습 환경과 학업성취 중심주의적인 교육신념이 지나치다. 아침 일찍부터 시작되는 학교수업과 방과 후 프로그램, 학원, 개인과외, 그룹과외 등의 학습 환경은 청소년이 자신의 욕구나 취미, 가치관, 적성 등을 알고 탐색해 내는 귀한 시간을 가지는 데에 장애가 되는 현실이다. 하지만 청소년들에게는 여행이나 독서, 음악 감상, 친구들과의 대화와 같이 여유로운 마음과 시간을 가지고 자신의 내면을 넘나들며 탐색하는 경험이 필요하다. 많은 청소년들이 여가시간을 스트레스 해소나 즉각적인 욕구충족을 위한 게임이나 컴퓨터와 많은 시간을 보내고 있다. 이러한 현실은 청소년들이 자신의 진로를 선택함에 있어 무엇을 원하고 무엇을 잘하며 무엇이 자신과 맞는지를 알아볼 수 있는 자기를 이해하고 탐색하는 과정을 어렵게 한다.

5) 매체로부터의 직업가치관 혼란

직업적 소신과 열정이 무엇인지를 배울 수 있는 드라마 〈싸인〉에서 박신양

청소년들이 매일 접하는 매스컴과 컴퓨터를 통한 문화적 경험은 가치관의 혼란을 초래한다. 직업에 대한 열정과 소신보다는 화려한 부와 명예가 직업의 중요한 조건이 된다고 생각하는 청소년들, 사회의 잦은 경제적 불안정성으로 인해 자신에게 맞는 직업보다는 안정적으로 직업생활을 유지하는 것을 중요하게 생각하는 청소년들, 차근차근 힘들고 어려운 직업생활을 이겨내고 발전시킨다는 생각보다는 한 번에 큰 이익을 얻을 수 있는 직업을 갖고자 하는 비현실적 기대에 차 있는 청소년들……, 이들 모두가 오늘날의 청소년들의 대표적인 모습들이다. 청소년들이 직업적 신념이나 소신과 열정을 가지고 하나의 직업 안에서 건실하게 발전해 나가기 위해서는 사회적 안정과 건전한 정신문화를 먼저 정립해야 할 것이다.

6) 지식과 정보를 얻기 위한 노력의 부족

진로결정 과정 단계에 대한 지식과 여러 가지 대안들에 대한 정보를 얻는 과정, 획득한 부가적 정보를 사용하는 방법 등에는 많은 좌절과 인내가 필요하다. 그러나 청소년들은 자신의 직업을 향해 꾸준히 밭을 일구는 과정에서 머물고 버티며 노력해 가는 과정을 힘들어하며 포기하고자 한다. 세상에는 공짜가 없고 그 노력의 대가는 분명히 따른다는 것을 명심하도록 해야 한다. 옛말에 '인내는 쓰고 성공은 달다'는 게 바로 여기에 해당하는 예가 될 것이다. 자신에게 적합한 진로를 찾고 선택하기 위해 혼란스럽고 끝없이 쏟아지는 정보와 지식들을 분류하고 선택하는 심리적 강인성이 필요하다.

6. 진로문제와 공병들

진로문제와 심리문제를 완전히 분리하는 것은 불가능한 일이다. 어떤 청소년은 지속적으로 심리적 어려움을 호소한다. 또 어떤 청소년은 평상시에는 아무 문제가 없다가 진로를 결정하려고 할 때 심리적 어려움을 호소하기도 한다. 이들은 진로결정 단계가 지나고 나면 심리적 어려움이 해소되었다고 한다. 때로 청소년을 비롯한 많은 내담자들은 자신의 문제가 무엇인지 명확 히 알지 못한다. 혹 자신의 문제를 알고 있다고 하더라도 상담 장면에서 상담자와 충분히 친밀한 관계가 형성되지 않으면 주 호소 문제로 자신의 문제를 쉽게 꺼내지 않는다.

위에서 진술한 바와 같이 진로문제와 심리적 문제는 상당히 혼재되어 있어 청소년 내담자들은 스스로 명확히 분리해 내지 못한다. 청소년 내담자들이 다른 심리적 문제를 가지고 상담자의 도움을 받으러 온 경우도 상담의 말기에는 진로문제를 다룰 필요가 있다. 이뿐만 아니라 진로결정에 대해 도움을 받으러 온 청소년 내담자들도 그 이면에는 여러 심리적 문제가 숨어 있을 가능성이 있다. 다음은 진로미결정과 관련된 청소년들의 다양한 심리적 문제들에 대해 그 관련성을 살펴볼 것이다. 개인의 불안, 우울, 완벽주의, 정체성 혼란, 애착문제, 자아존중감, 내현적 자기애, 자기통제력, 비행 등이 진로미성숙이나 진로미결정과 어떠한 관련성이 있는지를 살펴보고 진로상담을 효과적으로 수행하기 위한 이론적 기초를 다지기를 바란다.

1) 불안과 진로문제

불안은 인간이 느끼는 기본적인 감정이다. 적당한 불안은 과제수행 능력을 높여 주지만, 불안의 정도가 심하면 과제수행 능력이 떨어지고 일상생활에서 적응까지도 어렵게 만든다(계은주, 2001). 불안은 크게 상태불안과 특성불안으로 나뉜다. 상태불안은 특수한 상황에서 개인이 경험하게 되는 일시적인 불안을 의미하며, 특성불안은 불안을 일으키는 경험에 대해 한 개인이 가진 개인적 특성으로 인해 일어나는 불안을 의미한다.

불안은 진로문제에 중요한 영향을 미치는데, 특히 결단성의 부족과 가장 깊은 관계가 있다(이혜성·홍혜경, 1998). 불안이 높은 청소년은 진로결정 수준 및 진로결정에 대한 만족도가 낮으며 진로탐색 활동에 참여하려고 하지 않는 경향이 있다(Kimes & Troth, 1974; O'Hare & Tamburri, 1986). 또한 자신의 목표 및 우선순위 설정능력 저하, 결단성 부족, 진로탐색 활동에 참여하지 않으려 하며, 정보를 왜곡하거나 잘못 해석하는 경향이 있으며, 작업수행이 낮아지는 경향이 있다(Kimes & Troth, 1974; O'Hare & Tamburri, 1986). 특히 특성불안은 우유부단이나 만성적 미결정과 관련되어 진로미결정에 중요한 영향을 미친다(김계현·김봉환, 1997; 송경수, 2003; Fuqua & Hartman, 1983; Fuqua, Newman & Seaworth, 1988; Kims & Troth, 1974; O'Hara & Tamburri, 1986).

2) 우울과 진로문제

우울은 대부분의 사람에게 나타나는 일상적인 현상이지만, 청소년기에 이르러 발생의 빈도가 높아진다. 최근 청소년기 우울의 발생빈도와 심각성이 급증하고 있으며, 심각한 경우 자살로 이어지기도 하기 때문에 주의를 기울여야 한다(최인실, 2004).

우울은 신체적·인지적·정서적으로 커다란 변화를 겪고 있는 청소년기에 흔히 찾아볼 수 있는 심리적 문제 중의 하나이며, 심리적 적응의 중요한 지표이다. 청소년기에서 우울은 발달과정상의 변화와 관련이 있으며, 이 시기에는 환경이나 자극에 의해 감정 변화가 쉽게 일어난다. 또한, 진로문제를 비롯하여 학업문제, 또래관계문제 등에서 오는 각종 스트레스나 부담감을 조정하는 능력이 부족하여 과격하게 표현하거나 위축됨으로써 우울감을 경험하게 된다(정옥분, 2003). 특히 진로에 대한 확신과 진로결정 상태가 부정적이라면 우울을 더 많이 경험하게 된다(이성우, 2008). 반대로 우울한 청소년들은 무기력과 동기약화로 인해 진로결정에 어려움을 보일 수 있다.

3) 완벽주의와 진로문제

완벽주의란 자신이나 타인에게 상황에 필요한 수준보다 더 높은 수준의 수행을 요구하는 성향을 말한다(Hollender, 1965). 완벽주의 성향을 가진 아이들은 어릴 때부터 '내가 더 잘한다면, 더 열심히 한다면, 더 완벽해진다면 부모님은 나를 더 사랑하실 거야'와 같은 자기 메시지를 강조한다. 이처럼 이들은 완벽함을 추구함으로써 부모에게 수용되고 인정받을 수 있다고 믿는다.

완벽주의가 형성되는 과정은 다음과 같다(박현주, 1999). 우선 아동들은 부모에게 비난받지 않으며 인정받기 위해서 완벽하게 수행하려고 노력한다. 그 결과 자신의 비현실적인 기대나 목표와 실제 수행능력 사이에서 괴리감으로 인해 스트레스, 무기력감, 자기존중감 저하 등을 경험하게 된다. 결국 자신에 대한 불만족감을 가지며 자신의 행동이나 수행에 확신을 가지지 못한다. 실제로 자신이 수행에 성공하게 되더라도 당연한 것이라고 여기며 성취의 기쁨이나 만족을 느끼지 못한다. 이들은 최소한의 노력을 기울여 실수 없이 목표를 성취해야 한다는 압박감 때문에 늘 열등감을 경험하기 쉽다.

완벽주의자들의 대표적인 특성인 지연행동은 진로미결정과 관련이 있다. 이들은 실패에 민감하게 반응하기 때문에 성공적 수행이 확실하게 보장 되지 않으면 그 상황을 회피한다. 즉, 진로결정과 같은 중요한 과제에 직면 하게 되더라도 자신의 꿈과 현실 사이에서의 괴리감을 느끼며 진로를 결정 하지 못하게 될 가능성이 크다. 많은 연구결과에서 사회적으로 부과된 완벽주의 수준이 높은 청소년들은 진로를 결정하지 못하였다(이예진·손현국·임유경·오서진·이동귀, 2010; 이재창·최인화, 2006; 홍혜영, 2009).

4) 자아정체감과 진로문제

자아정체감은 흥미, 가치, 능력, 자아개념, 동기, 불안 등의 심리적 요인들 중 진로문제와 관련된 가장 강력한 요인이다. 진로결정은 자아정체감에 영향을 받아 탐색한 결과이기 때문에 자아정체감의 표현이라고 할 수 있다. 자아정체감이 높은 청소년들은 진로결정에 대한 확신, 만족감, 성공감이 높으며, 진로성숙도와 진로태도 수준이 높다(김은진·천성문, 2001; 김희진, 2001; 정채기, 1991; Lucas, 1997). 반면 자아정체감이 낮거나 혼미 및 부재 상태 의 청소년들은 진로결정 수준이 낮으며 비합리적인 진로결정을 하는 등 진로결정에 어려움을 겪는다(박아청, 1996; 신순란, 1999; 정채기, 1991).

5) 애착문제와 진로문제

애착은 부모와 애정을 주고받으며 친밀한 접촉과 교류를 지속적으로 유지하려는 정서적 유대를 의미한다. 부모와 신뢰롭고 안정적으로 맺어진 애착은 전 생애 발달을 통해 중요한 영향을 미친다. 애착은 청소년의 진로성숙도와 진로 자기효능감 발달과 관련이 있으며, 직업적 성숙을 강화하는 긍정적 요소이다(임진, 2003; Ryan, Solberg & Brown, 1996).

Blustein 등(1995)을 비롯한 많은 연구자들은 부모와의 안정적인 애착경험이 진로발달에 긍정적인 영향을 미치게 됨을 밝힌 바 있다(심혜원, 1999; 이영·나유미, 1999; Ketterson, 2000). 부모와 안정적으로 애착을 형성한 개인은 보다 활발하게 주위 환경을 탐색하며, 긍정적인 사회적 기대를 하게 된다.

성인이 되어서도 긍정적인 자기평가 및 자신감을 갖고, 자신을 높은 기준으로 가혹하게 비판하는 완벽주의 성향도 낮다. 또한 자신에게 적합한 진로선택을 하기 위해 보다 적극적으로 진로탐색에 참여하며, 노력하고, 만족스러운 직업생활을 하게 된다. 반면 가족으로부터 적절한 정서적 지지를 받지 못한 청소년은 불안과 학문적 어려움을 경험하고 직업정체감의 발달에도 문제를 겪게 될 가능성이 크다(Lopez & Andrews, 1987).

6) 자아존중감과 진로문제

자아존중감은 개인의 발달적 변화와 적응에서 중요한 역할을 수행하며, 개인의 만족감에 영향을 미치는 중요한 요인이다. 또한, 자아존중감은 어린 아동들에게는 생존을 위한 필수요소이며, 자아존중감의 성취는 청년기에 중요한 발달과제 중의 하나이다(Mack, 1983).

자아존중감이 높은 사람은 자신의 욕구를 충족시켜 줄 수 있는 직업을 선택하는 반면, 자아존중감이 낮은 사람은 사회적 요구, 타인의 기대 등의 외적인 요인에 영향을 받으며 자신의 욕구와 무관한 직업을 선택하는 경향이 있다(Korman, 1967). 자아존중감이 높은 사람은 정교화된 자기개념을 가지고 자신이 유능한 의사결정자라고 지각하는 반면, 자아존중감이 낮은 사람은 자신과 자신의 능력에 대해 자기인식이 부족하다(Serling & Betz, 1990; Tokar, Fischer & Subich, 1998). 즉 자아존중감이 낮은 사람은 좌절을 쉽게 경험하며, 자신감이 부족해 미리 포기하는 경향이 있어 진로정보를 획득하거나 진로 결정을 하는 데 있어 어려움을 겪게 된다(김은석, 2006).

자아존중감이 높은 아동은 활동적이고 표현이 풍부하며 학업을 비롯한 일상생활에서 성공적이며, 자신의 판단과 능력에 대한 자신이 있다. 반면에 자아존중감이 낮은 아동은 절망적이고 소심하며 자신의 판단과 능력에 대해 회의적이다(Coopersmith, 1967). 따라서 자아존중감이 낮은 사람은 진로를 결정하는 데 어려움을 겪을 수밖에 없다. 그러나 자아존중감이 높은 사람은 낮은 사람에 비해 자신이 선택한 진로에 대한 확신이 크고 만족도도 높다(김희수, 2005).

7) 내현적 자기애와 진로문제

우리 사회는 개성을 강조하고 자기 자신을 독특하게 표현하고자 하는 특징을 긍정적으로 여기고 있다. 이에 발맞춰 자기애적 성향이 생활의 긴장과 불안에 잘 대처해 갈 수 있는 좋은 방법이라는 인식과 함께 문화적 흐름으로 자리 잡고 있다(이춘희, 2007; Lasch, 1979). 자기애적 성향은 핵심특성은 같지만 나타나는 방식에 따라 외현적 자기애와 내현적 자기애로 나뉜다. 외현적 자기애를 지닌 사람은 과장된 자기존중과 특권의식 등으로 타인을 무시하고 평가절하하는 경향이 있으며, 과시하고자 하는 욕구와 사회적 성공에 대한 강한 야심을 보인다. 반면, 내현적 자기애를 지닌 사람은 겉으로는 드러나지 않지만 내면 깊은 곳에서 소심하고 수줍어하며, 지나치게 감정을 억제하고 자신에게 관심이 집중되는 것을 불편해하고, 타인의 평가와 반응에 민감하며 취약하다(권석만·한수정, 2000; 이춘희, 2007). 특히 자기애의 핵심특성인 과장된 자기존중과 특권의식을 감추고 겸손한 척하며 타인의 평가에 예민한 내현적 자기애 성향은 외현적 자기애 성향보다 부적응적인 심리특성을 많이 가지고 있는 것으로 나타났다(하정희·허보연·강연우·송언희, 2009). 내현적 자기애 성향이 높을수록 자아존중감이 낮고 신경증적 경향성이 높으며, 우울하며, 적대적이며, 부정적 평가를 두려워하며, 일상적으로 분노가 많지만 그 분노를 억제하는 경향이 있다(강연우, 2004; 박세란, 2004; 백승혜, 2005; 이준득, 2005; 정남운, 2001).

이러한 내현적 자기애 성향은 불안, 자아존중감, 자아정체감, 자기효능감과 관련되어 진로결정을 어렵게 만든다. 내현적 자기애 성향이 높을수록 직업적·사회적 정체성에 대한 불확실성과 불안수준을 높이고 이러한 만성적인 불안은 진로미결정에 영향을 미치는 주요 변인 중 하나로 밝혀졌다(김은석, 2006). 내현적 자기애는 직업적·사회적 정체성의 불확실성, 지나친 민감성과 열등감, 취약한 자기개념을 특징으로 한다. 이는 자아정체감과 자아존중감에 부정적인 영향을 미치고, 내현적 자기애의 열등감과 취약한 자기개념, 타인에 대한 시기와 이상화라는 특성은 개인의 능력에 대한 적절한 판단을 뜻하는 자기효능감에 부정적인 영향을 미친다. 이렇게 낮은 자기효능감은 결국 진로미결정을 초래한다.

8) 자기통제력과 진로문제

자기통제력이란 자신의 문제를 해결하는 동안에 자신의 감정이나 행동을 스스로 조절할 수 있다고 믿는 신념이다. 자기통제력이 높은 청소년은 문제를 해결하는 동안에 자신의 감정과 행동을 잘 관리하고, 문제의 초점을 맞추고,

직접적인 행동을 취함으로써 문제에 대처하고자 하는 경향이 있다. 이들은 진로에 대해 더 효과적인 계획을 세우며, 진로결정 수준이 높고 진로에 대한 스트레스가 적으며 진로목적을 정하는 데 강한 자신감을 보인다(황설영, 2005). 반면 자기통제력이 낮은 청소년들은 진로미결정 수준이 높았다(이현주, 1998).

9) 비행과 진로문제

대부분의 비행청소년들은 자신에 대한 이해와 진지한 진로탐색을 하지 않은 채 아르바이트나 취업을 하고 있다. 이들은 주로 인터넷이나 견학, 현장 실습을 통해서 진로정보를 얻는 경우가 많다. 또한 가족이나 친구들을 통해 잘못된 진로정보를 획득하는 경우가 많다.

비행청소년은 일반청소년에 비해서 진로성숙 수준이 낮다. 이렇게 진로성숙도가 낮은 청소년은 무단결석을 많이 한다(김혜래·이혜원, 2007; 이화련, 2007). 한편 진로성숙도가 높은 청소년들은 비행을 저지르지 않는 경향이 있어 진로상담이 비행을 예방하고, 교정하는 강력한 요인임을 시사한다(문미란, 1998).

PART 02

진로발달이론과 측정

1. 진로발달이론

1) Ginzberg의 발달이론

아이가 태어나서 성인이 되기까지 다른 발달 영역과 같이 진로발달도 발달 시기마다 특정 과업을 지니고 그들의 과업발달을 바탕으로 다음 발달단계로 진입해 간다. 이는 진로를 결정하는 것에서 확장되어 직업을 선택하는 과정과 직업 내에서 발달과정까지도 이어진다. 즉 진로의 선택은 하나의 발달과정이고 단 한 번의 결정이 아니라 일련의 결정들이 계속적으로 이루어진다는 의미를 품고 있다. 각 단계의 결정은 전 단계의 결정 및 다음 단계의 결정과 밀접한 관계를 가지고 있다. 다음에 소개하는 Ginzberg 등 (1951)의 이론은 유아기부터 시작하여 성인 초기까지 직업과 관련한 자신의 바람과 가능성 간의 타협을 통해 직업을 선택해 가는 과정을 제시한 것이다.

(1) 환상적 선택 단계(10세 이전)

이 시기는 자기가 원하는 직업이면 무엇이든지 할 수 있다고 인식하는 단계로, 자신의 능력이나 현실적인 여건과 제약을 거의 인식하지 못하는 단계이다. 특정 직업을 택해서 그 직업이 하는 일을 놀이 활동을 통하여 표출한다. 예를 들어 의사놀이, 가게놀이, 가수놀이, 엄마놀이 등이 여기에 속한다.

(2) 시도적 선택 단계(11~17세)

자신의 흥미, 적성, 능력, 가치 등 주관적인 요인이 직업선택의 주요 요소로 간주되나 현실적인 여건이나 제약 조건에 대한 인식은 조금 고려하지만 아직도 부족한 단계이다. 주로 고려하는 요인에 따라 흥미 단계(11~12세), 능력 단계(13~14세), 가치 단계(15~16세), 전환 단계(17세 전후) 등의 네 하위 단계를 거친다. 흥미 단계는 취미, 흥미가 직업 선택의 주요인이 되고, 능력 단계는 학업 성적, 인정받는 것 등이 직업 선택의 주요인이 된다, 그리고 가치 단계는 자신의 가치, 생애 목표가 직업 선택의 주요인이 됨을 의미하고 마지막으로 전환 단계는 주관적 요소에서 현실적 외부 요인으로 관심이 전환되며, 현실적 외부 요인이 직업 선택의 주요인이 된다.

(3) 현실적 선택 단계(18세 이후)

직업 요구조건, 교육 기회, 취업 기회 등 외부의 여러 현실적인 요인과 개인의 흥미, 능력, 가치, 성격 등 자기 자신의 요인과 타협으로 실제적인 직업 선택을 하게 되는 단계이다. 이 단계는 다시 탐색, 구체화, 특수화 등의 세 하위 단계를 거친다. 먼저 탐색 단계에서는 직업선택을 위해 필요하다고 생각되는 교육이나 경험을 쌓으려고 노력하는 단계이다. 두 번째로 구체화 단계에서는 직업목표를 정하고 자신의 진로결정과 관련된 내적·외적 요소를 종합할 수 있는 단계이다. 그리고 특수화 단계는 자신이 한 결정을 더욱 구체화시키고, 더욱 세밀한 계획을 세우는 특수화 단계라고 볼 수 있다.

2) Super의 발달이론

Super(1957)는 진로발달을 아동기부터 성인 초기까지로 제한한 Ginzberg의 초기 이론에 이의를 제기하고 진로발달은 인간의 전 생애에 걸쳐서 이루어지고 변화하는 것이라고 하였다. 또한 직업선택을 타협의 과정이라고 본 Ginzberg의 이론을 보완하여 타협과 선택이 상호작용하는 일련의 적응과정으로 보고, 발달을 개인과 환경과의 상호작용에 따른 결과와 같이 개인과 환경과의 상호작용에 의한 적응과정이라고 하였다.

(1) 성장기(14세 이전)

부모를 비롯한 주변인물들을 동일시함으로써 자아개념을 발달시켜 나간다. 초기에는 욕구와 환상이 지배적이다가 점차 흥미와 능력을 중요시하게 된다. 성장기는 환상기(4~10세), 흥미기(11~12세), 능력기(13~14세) 등의 하위 단계를 거쳐서 성장한다. 이 중 환상기는 자신의 막연한 환상이 진로를 선택하는 요인이 된다. 그리고 흥미기는 자신의 흥미와 취향이 진로를 선택하는 요인이 된다. 능력기는 자신의 능력을 고려하여 진로를 선택하는 요인이 된다.

(2) 탐색기(15~24세)

학교생활, 여가활동, 일 경험을 통한 역할수행과 자신에게 적합한 직업을 탐색하고 잠정적으로 선택한다. 자신의 여러 특성을 이해하게 되며, 점차 현실적 요인을 더욱 중시한다. 탐색기는 잠정기(15~17세), 전환기(18~21세), 시행기(22~24세) 등의 하위 단계를 거친다. 잠정기는 진로선택에서 자신의 욕구, 흥미, 능력, 자아관 및 성격 등을 고려하며, 토의나 경험을 통해서 잠정적으로 직업선택을 시도하는 시기이다. 전환기는 취업에 필요한 교육과 훈련을 받으며, 보다 현실적인 요인을 고려하여 일반적 자아개념이 직업적 자아개념으로 전환하는 시기이다. 시행기는 개인은 어떤 직업을 갖게 되고 그 직업의 적합성 여부를 시험하기 시작하는 시기이다.

(3) 확립기(25~44세)

적합한 분야를 찾아서 정착함으로써 안정을 이루게 된다. 정착을 위한 시행기(25~30세)와 안정기(31~44세)를 겪는다. 시행기는 자기가 선택한 일과 직업이 적합한가를 따져보고, 맞지 않을 경우 한두 차례의 변화를 거쳐서 안정된 직업을 찾는 시기를 의미한다. 안정기는 진로유형이 분명해짐에 따라 그것을 안정시키고, 안정된 위치를 굳히기 위해 노력하는 시기이다.

(4) 유지기(45~64세)

직업세계에서 확고한 위치를 확보하여 그 직업 또는 지위를 유지하거나 계속 발전시켜 나가며, 생활의 안정을 이룬다.

신체적·정신적 능력이 쇠퇴함에 따라 직업활동으로의 일반적인 과정은 끝나게 된다. 하지만 개인차가 크며 새로운 역할이나 활동을 찾아서 시작하기도 한다.

3) Tuckman의 발달이론

(1) 개요

Tuckman(1974)은 자아인식, 진로인식 및 진로의사결정이라는 세 가지 요소를 중심으로 하는 8단계의 진로발달이론을 제시하였다. 이 이론은 학생들의 진로발달을 위해 무엇을 교육할 것인가를 알게 하고 유용화시키는 데 중요한 공헌을 했다. 즉, 진로발달을 촉진시키기 위하여 우리가 활용할 수 있는 매체의 선택이나 활동내용의 구성에 많은 시사점을 주고 있다. 현장에 있는 치료자와 교사, 학부모 지원자들은 자아발달과 진로발달 단계를 연계하여 지식을 쌓고 진로상담의 효과를 높일 필요가 있다.

(2) 발달단계(8단계)

① 1단계: 일방적 의존성의 단계(유치원~초등 1학년)

이 시기의 아동들은 부모나 교사와 같은 외적 통제에 의존하여 직업에 대해 이런저런 내용을 듣게 되는 것과 가정에서 사용하는 도구들을 중심으로 하여 진로의식을 형성한다.

② 2단계: 자기주장의 단계(초등 1~2학년)

이 시기의 아동들은 자율성을 갖게 되면서 친구를 선택하는 것과 같은 간단한 형태의 선택이 가능해지고, 직업에 대한 간단한 지식이나 개념을 이해하기 시작한다.

③ 3단계: 조건적 의존성의 단계(초등 2~3학년)

이 시기 아동들은 자아를 인식하기 시작하면서 더욱 독립적인 존재가 되어간다. 자기의 동기와 욕구에 대해 인식하고 친구와의 관계형성 안에서도 자기를 인식하고 독립적인 역할이 가능해진다.

④ 4단계: 독립성의 단계(초등 4학년)

이 시기의 아동들은 직업의 세계를 이론적으로 탐색한다. 기술과 직업세계에 대한 인식, 사회 내에서의 자신의 위치 등을 생각해 보며 진로결정에 대해 관심을 서서히 갖게 된다.

⑤ 5단계: 외부지원의 단계(초등 5~6학년)

이 시기는 외부의 승인이나 인정을 구하는 시기로 직업적 흥미와 목표, 작업조건, 직무내용 등에 관심을 갖게 된다.

⑥ 6단계: 자기결정의 단계(중등 1~2학년)

이 시기의 청소년들은 자신의 규범과 규칙을 설정하고 자아인식을 위해 노력하며 직업군을 탐색하기 시작한다. 이때 진로결정의 기본요인들을 현실적인 관점에서 탐색한다.

⑦ 7단계: 상호관계의 단계(중등 3~고등 1학년)

이 시기의 청소년들은 동료집단의 문화와 교우관계를 중시하는 관점에서 진로를 선택하게 된다. 그리고 직업선택의 가치, 일에 대한 기대와 보상, 작업환경, 의사결정의 효율성 등에 관심을 갖게 된다.

⑧ 8단계: 자율성의 단계(고등 2~3학년)

대학진학을 앞두고 이 시기 청소년들은 직업에 대한 탐색과 아울러 자기 자신에 대한 인식을 보다 확고히 하게 된다. 진로문제에서 자신의 적합성 여부, 교육조건, 선택 가능성 등에 초점을 두면서 대안을 점차 줄여나간다.

2. 진로발달 측정

1) 왜 검사하는가?

다양한 검사들이 진로상담 영역에서 많이 발전되어 왔다. 일반상담 영역보다 진로상담 영역에서는 상담기법과 전략에 비해 검사와 사정방법이 더 많은 발전이 이루어졌다. 진로상담에서 사용하는 검사는 직업선택 및 직업생활과 관련되는 다양한 직업생활 과정 중에 발생하는 심리적 문제를 파악하고 적합한 직업선택과 조직에 적합한 사람들을 선발, 배치하는 데 도움을 준다. 이러한 심리검사는 사람들 개개인의 특성과 직업에서 요구하는 특성을 비교, 측정함으로써 자신의 직업적 특성에 대해 객관적으로 판단할 수 있게 해 준다. 또한 검사를 실시하는 과정 자체가 청소년에게 자신의 진로에 대해 생각해 볼 수 있는 동기를 부여한다는 유용성을 가지고 있다. 더불어 진로에 대한 검사를 실시하고 해석하는 과정은 진로상담자와 내담 청소년이 자연스럽게 진로에 대해 고민해 볼 수 있게 하는 동기가 되고 중요한 발달과업을 해결하는 데 보다 과학적이고 체계적인 수단이 된다.

2) 진로검사의 내용

청소년들이 진로를 인식하게 되는 시기부터 전문적인 진로상담이 필요하며, 진로상담의 영역은 자기 이해, 직업세계의 이해, 진로계획 수립, 진로결정, 진학, 취업 등의 내용이 포함된다. 진로상담의 시작은 청소년이 스스로 자기를 이해할 수 있도록 돕는 작업, 즉 자기 이해를 탐색하는 것부터 시작한다. 자기 이해란 자신이 가진 자원을 탐색하고 객관적인 검증을 거치면서 합리 적인 진로선택을 할 수 있는 충분한 자료를 수집하는 과정이라 할 수 있다. 진로검사를 통해 수집한 기초 자료를 활용하여 청소년의 합리적인 의사 결정을 돕고, 진로선택 및 계획 수립이라는 목표에 도달할 수 있도록 한다.

3) 무엇을 주의해야 하는가?

진로검사를 실시할 때 반드시 유의할 점은 결과를 제시할 때 구체적으로 예언하기보다는 가능성의 관점에서 제시하여야 한다. 또한 검사결과를 해석하는 과정에서 내담자가 자신의 특성에 대해 보다 깊이 이해할 수 있도록 지원해야 한다. 많은 상담자들은 진로검사가 인지나 정서검사에 비해 쉽다고 판단하고 일반적으로 많이 활용하고 있다. 그러나 검사자는 검사지침서를 잘 숙지하여 검사의 목적, 검사의 장점 및 한계, 검사점수 및 채점 과정 등에 대해 충분하게 알고 있어야 한다.

4) 진로검사의 종류

본 장에서는 진로상담에서 청소년의 자기 이해를 돕기 위해 표준화된 검사를 이용하는 방법과 검사 이외의 다양한 사정도구를 소개하고자 한다.

(1) 진로상담 안에서 단계별로 사용 가능한 표준화된 진로검사

진로발달이론에 따르면 사람들은 일생 동안 몇 단계의 발달과정을 거친다. 각 단계마다 수행해야 할 발달과업이 있는데, 발달과업을 잘 완수해야 다음 단계로 넘어간다. 청소년에게 있어 진로를 선택하는 것은 매우 중요한 발달과업이다. 진로상담에서는 지능검사나 인성검사, 성격검사 등의 검사를 비롯하여 진로선택 및 진로발달검사, 흥미검사, 적성검사, 직업 가치관검사 등이 활용되고 있다. 검사를 실시하는 순서나 단계는 상담자나 내담자에 따라서 각기 다르다. 상담자들은 대부분 흥미검사를 가장 먼저 실시한다. 그 이유는 흥미 요인은 내담자의 관심사항을 반영하는 요인이므로 내담자와의 친밀감 형성과 내담자의 만족과 성취에 중요한 영향을 미치기 때문이다. 어떤 상담자들은 진로상담에서 가치검사를 먼저 실시하여 내담자의 동기와 성취의 정도를 탐색한다. 그 결과를 가지고 흥미검사, 적성검사, 성격검사 등을 탐색할 때 예비 자료로 활용한다. 상담현장에서는 내담자의 상황에 따라 1단계와 2단계, 3단계에서 변화를 주기도 한다. 흥미검사를 먼저 하면 자신의 흥미나 관심을 다루어 주기 때문에 상담에 대한 흥미나 만족도, 기대감이 올라가 상담 동기를 활용할 수 있는 장점이 있고, 가치관 검사를 먼저하면 흥미보다 가치가 자신의 현실과 더 밀접한 관련성이 있기 때문에 진로 상담 동기가 높다는 장점이 있다. 본 장에서는 진로상담 장면에서 상담자들이 일반적으로 활용하고 있는 순서에 따라 1단계-흥미검사, 2단계-적성검사, 3단계-직업 가치관검사, 4단계-성격검사로 구분하여 제시하고자 한다.

① 1단계: 흥미검사

'세상에 재미없는 일은 없다'

19C의 한 평범한 여성이 지질학과 고생물학 분야의 유명한 학자인 루이스 아가시 박사의 강연을 듣게 되었다. 강연 후 자신은 15년 동안 여동생의 하숙집을 돕느라 날마다 주방 계단에 앉아 감자와 양파만 손질해야 하며, 그동안 뜻깊고 좋은 지식을 배울 기회가 없었다고 하소연했다. 아가시 박사는 그녀에게 명함을 주면서

15년 동안 앉아서 일했던 계단 벽돌의 성질을 조사해서 편지로 알려 주라고 말했다. 그날부터 그녀는 백과사전을 뒤져서 계단 벽돌을 조사하기 시작했다. 더 자세히 알아보기 위해 벽돌공장과 박물관도 방문했으며, 지질학도 공부했다. 결국 〈내화 벽돌과 타일〉이라는 글을 써서 루이스 박사에게 보냈다. 그 글은 잡지에 실렸고 원고료도 받게 되었다. 아가시 박사는 그녀에게 "15년 동안 앉아 있던 계단 벽돌 밑에는 뭐가 있었나요?"라고 물었다. 그녀가 계단 밑에는 개미가 있다고 말한 후 이번에는 개미를 조사해 열 배는 더 긴 글을 썼고 한 권의 책으로 출판까지 되었다는 이야기이다.

〈스티븐 코비, 신뢰의 속도〉

진로검사의 전체 맥락 안에서 무엇보다 중요한 것은 내담자의 흥미를 탐색하는 것이다. 아무리 좋은 직업일지라도 정작 본인이 흥미가 없다면 의미가 없다. 내담자의 특성을 파악하는 과정에서 자신의 흥미를 찾지 못했거나 흥미를 바탕으로 자신에게 잘 맞는 직업을 탐색하고자 하는 경우, 자신감이 너무 높거나 낮아서 특정분야를 고르기 어려운 경우, 흥미 분야를 발견하면 잠재능력을 향상시킬 수 있는 경우 등을 고려하기 위해 다음에 소개된 흥미검사를 실시해 볼 필요가 있다.

표 2 흥미검사 종류

연번	검사명	대상	소요 시간	검사 방법	관련기관	사이트	비용
1	직업흥미검사	중·고	-	on	중앙적성연구소	www.cyber-test.co.kr	유료
2	학습흥미검사	중·고	-	on	중앙적성연구소	www.cyber-test.co.kr	유료
3	진로흥미검사	중·고	45분	on/off	한국적성연구소	www.juksungtest.co.kr	유료
4	STRONG 진로탐색검사	중·고	-	on/off	KPTI 한국심리검사연구소	www.kpti.com	유료
5	find myself 직업흥미검사	고	50분	off	대한사립 중고등학교장회	www.sahack.or.kr	유료
6	청소년용 직업흥미검사	중·고	30분	on/off	한국고용정보원	워크넷 www.work.go.kr	무료
7	직업선호도검사 (S형)	만 18세 이상	25분	on/off	한국고용정보원	워크넷 www.work.go.kr	무료
8	직업선호도검사 (L형)	만 18세 이상	60분	on/off	한국고용정보원	워크넷 www.work.go.kr	무료
9	직업흥미검사	중·고	30분	on	한국직업능력개발원	커리어넷 www.careernet.re.kr	무료

② 2단계: 적성검사

'독수리 이야기'

한 소년이 산에서 독수리 알을 주워 와 암탉의 품 안에 집어넣었다. 얼마 후 새끼 독수리가 병아리들과 함께 알을 깨고 나왔다. 새끼 독수리는 자기가 독수리라는 사실을 깨닫지 못하고 다른 병아리들과 어울려 암탉을 따라다녔으며, 행동도 병아리들과 똑같았다. 어느 날, 커다란 독수리 한 마리가 힘차게 날아와 닭장 위를 맴돌다 날아갔다. 새끼 독수리는 자신도 그 독수리처럼 힘차게 날아오르고 싶다는 마음이 간절했다. 새끼 독수리는 '그래 나는 병아리가 아니야. 저 새를 닮았어. 나도 저 높은 하늘을 힘차게 날아오를 수 있어.'라고 깨닫게 되었다.

이제 새끼 독수리는 놀라울 정도로 변했다. 조금 전에 보았던 새를 따라 날아보기 위해 날개에 힘을 주기 시작했다. 서서히 날갯짓을 시작하자 신기하게도 그 몸이 하늘을 향해 치솟았다. 닭장을 뒤로 한 채 힘차게 날아올랐다. 자기가 독수리라는 사실을 깨닫기 전에는 생각지도 못했던 일이 일어난 것이다. 자기 자신의 능력을 정확하게 파악할 수만 있다면 더 큰 꿈을 꾸고 더 멋진 도약을 할 것이다.

흥미가 있을지라도 적성에 맞지 않다면 선택된 직업생활은 만족감이 떨어질 것이다. 적성검사를 실시하는 것이 유용한 경우는 자신의 적성 및 능력을 객관적으로 파악하고 잘하는 것을 바탕으로 직업을 선택하고 싶은 경우, 자신의 능력분야에 대해 객관적으로 확인해 보고 싶은 경우, 잘하는 것을 바탕으로 성취감을 높이고 싶은 경우 등이다.

표 3 적성검사 종류

연번	검사명	대상	소요시간	검사방법	관련기관	사이트	비용
1	직업진학적성검사	고	50분	off	중앙교육사	www.cepc.co.kr	유료
2	홀랜드 적성탐색검사	고	50분	on	한국가이던스	www.guidance.co.kr	유료
3	일반적성검사	고	58분	off	한국적성연구소	ww.juksungtest.co.kr	유료
4	종합 진로적성검사	고	80분	off	대한사립 중고등학교장회	www.sahack.or.kr	유료
5	청소년용 적성검사(중학생용)	중	70분	on/off	한국고용정보원	워크넷 www.work.go.kr	무료
6	청소년용 적성검사(고등학생용)	고	80분	on/off	한국고용정보원	워크넷 www.work.go.kr	무료
7	성인용 적성검사	만 18세 이상	90분	on/off	한국고용정보원	워크넷 www.work.go.kr	무료
8	직업적성검사	고	58분	off	한국직업능력개발원	커리어넷 www.careernet.re.kr	무료

③ 3단계: 직업가치관검사

> ### '스트라디바리우스 바이올린'
>
> 바람이 몹시 세찬 겨울날 한 걸인이 런던 교외에 있는 작은 악기점에 낡은 바이올린을 들고 들어왔다. "저는 지금 몹시 배가 고픕니다. 제발 이 바이올린을 사세요." 하고 사정을 하는 것이었다. 그래서 악기점 주인은 그에게 5달러를 주고 그 바이올린을 샀다. 그 걸인은 매우 흡족해하면서 돌아갔다. 걸인이 돌아간 후 악기점 주인은 그 낡은 바이올린을 팅겨 보고 훌륭한 소리에 깜짝 놀랐다. 불을 밝히고 그

속을 들여다보았더니 그 속에는 놀랍게도 '안토니오 스트라디바리우스 1704년'이라는
표가 적혀 있는 것이었다. 바로 그것이 100여 년 동안 행방을 모르던 유명한
스트라디바리우스였다. 이 바이올린은 그 후 10만 달러짜리 바이올린이 되었다. 그
가난한 사람은 그렇게 값비싼 악기를 가지고 있었지만 그 가치를 몰랐던 것이다.
그래서 가난하게 살 수밖에 없었다는 이야기이다. 스스로가 가진 훌륭한 보석인
소질을 발견하는 일은 정말 중요하다.
……2011년 3월 한 경매에서 스트라디바리우스 바이올린 한 점이 약 170억 원대에
낙찰되었다. ……

청소년들이 자신의 흥미와 적성에 따른 직업을 알아보는 과정을 겪고 나면
대부분 직업의 세계에 대한 보다 구체적인 욕구가 생긴다. 직업가치를 파악해
보고 싶거나 직업 내에서 자신의 가치관에 알맞은 직업을 탐색해 보고 싶은
경우 등은 가치관검사를 진행할 필요가 있다.

표 4 직업가치관검사 종류

연번	검사명	대상	소요 시간	검사 방법	관련기관	사이트	비용
1	직업가치관검사	만 15세 이상	20분	on/off	한국고용정보원	워크넷 www.work.go.kr	무료
2	직업가치관검사	중·고	20분	on	한국직업능력개발원	커리어넷 www.careernet.re.kr	무료

④ 4단계: 성격검사

앞의 단계를 진행해 온 청소년들은 직업의 세계와 자신의 성격적인 특성과의 관계성에 대해서도 탐색하기를 바란다. 자신의 성격과 그 직업적 특성이 얼마나 잘 일치하는지를 알기 위해서는 성격검사를 진행하는 것이 필수적이다. 자신의 성격적 특성을 알아보고 성격에 알맞은 직업을 선택하고자 하는 경우나 성격적 특성을 분석하고 잘 이해하여 일상생활에서의 어려움을 극복해 보고 싶은 경우 등은 성격검사를 실시하여 진로검사의 활용도를 높일 필요가 있다.

연번	검사명	대상	소요 시간	검사 방법	관련기관	사이트	비용
1	성격적응(인성) 검사	고	-	off	중앙교육사	www.cepc.co.kr	유료
2	성격진단검사 (초등학생용)	초등 4~6학년	-	on	중앙적성연구소	www.cyber-test.co.kr	유료
3	성격진단검사	중·고	-	on	중앙적성연구소	www.cyber-test.co.kr	유료
4	MBTI 성격유형검사	고	-	on/off	KPTI 한국심리검사연구소	www.kpti.com	유료
5	애니어그램 성격유형검사	중·고	-	off	한국가이던스	www.guidance.co.kr	유료
6	NEO성격검사 (아동용)	초등 3~6학년	45분	off	한국가이던스	www.guidance.co.kr	유료
7	NEO성격검사 (청소년용)	중·고	45분	off	한국가이던스	www.guidance.co.kr	유료
8	청소년 직업인성검사	중·고	45분 /20분	on/off	한국고용정보원	워크넷 www.work.go.kr	무료

※ 성격검사에 주제통각검사(TAT), 로샤(Rorschach) 등과 같은 투사적 검사 등도 있지만, 진로상담에서는 일반적으로 자기보고식 검사를 주로 활용한다.

(2) 일반 상담으로 내원한 청소년들에게 진로문제 탐색을 위한 도구

청소년 상담현장에서 만나는 내담자들의 경우 부모·자녀 관계, 또래 관계, 학교적응상의 문제를 해결하기 위해 오는 경우가 많다. 그들과 주 호소문제를 바탕으로 상담의 목표를 정하고 작업해 나가지만 말기에 즈음하면 진로문제에 대해 도움을 요청해 온다. 이때 간단한 도구를 통해 진로발달에 대해 탐색하고 이후 상담전략을 세우기도 한다. 또한 무기력하고 미래에 대한 준비가 없음을 한탄하며 상담을 요청해 오는 부모들에게 간단한 도구로 객관적인 자료를 제공하는 차원에서 몇 가지 척도를 활용해 볼 수 있다. 전반적인 진로검사에 경제적·심리적 부담을 느끼는 청소년이라면 다음의 몇 가지 도구를 통해 문제의식을 높이고 자신의 당면과제를 보다 객관적으로 볼 수 있을 것이다. 또는 방학을 이용해 아이가 진로문제를 얼마나 지각하고 있는지를 파악하고자 하는 경우와 진로발달 수준을 알고자 하는 경우에도 다음의 도구를 활용해 볼 수 있다.

① 진로미결정 척도

진로미결정 척도는 탁진국과 이기학(2003)이 개발한 한국 진로미결정 척도(Korean Career Indecision Inventory: KCII)로 대학생의 진로미결정 요인을 탐색하기 위해 만들어진 척도이다. 진로미결정 척도는 직업정보 부족, 자기명확성 부족, 우유부단한 성격, 필요성인식 부족, 외적 장애로 구분된다. 직업정보 부족은 어떤 직업이 장래성이 있는지, 그 직업이 요구하는 지식과 능력이 무엇인지에 대해 알고 있는 정도를 측정한다. 자기명확성 부족은 자신의 적성이나 흥미를 정확하게 파악하지 못하는 정도를 측정한다. 우유부단한 성격은 매사 소극적이고 우물쭈물하는 성격으로 인해 직업결정에 어려움을 겪는 정도를 측정한다. 필요성 인식 부족은 현시점에서 직업선택이나 결정이 크게 중요하지 않다고 인지하고 있는 정도를 측정한다. 이 척도를 해석하는 방법은 다음과 같다. 문항당 1점씩 계산하여 진로미결정 하위 영역별로 확인해 보고, 진로미결정의 총점을 산정한다. 점수가 높을수록 진로 미결정수준이 높다.

번호	내용	진로미결정 하위영역				
		직업 정보 부족	자기 명확성 부족	우유 부단한 성격	필요성 인식 부족	외적 장애
1	내 적성이 무엇인지 모르겠다.					
2	여러 종류의 직업이 있는지 잘 모르겠다.					
3	내가 바라는 직업의 장래성에 대한 정보가 부족하다.					
4	어떤 직업이 전망이나 보수가 좋고 사회의 수요가 많은지 모르겠다.					
5	직업에 대한 정보를 수집하는 방법을 모른다.					
6	내가 하고 싶은 직업이 있지만, 직업을 추구하는 방법을 잘 모른다.					
7	어떤 직업이 나의 전공과 관련되는지에 대한 정보가 부족하다.					
8	내 흥미가 무엇인지 모르겠다.					
9	내 장점과 단점이 무엇인지 모르겠다.					
10	내가 무엇을 원하는지 모르겠다.					
11	내가 바라는 직업에서 잘 해낼 수 있을지 모르겠다.					
12	나는 어떤 결정을 내리기가 힘들다.					
13	중요한 결정을 내릴 때 우물쭈물하는 경향이 있다.					
14	나는 모든 문제에서 우유부단한 사람이다.					
15	현재로서는 직업선택을 할 필요성을 느끼지 않는다.					
16	아직 이르기 때문에 직업선택에 대해 생각해 보지 않았다.					
17	미래의 직업을 현시점에서 결정해야 한다는 필요성이 피부에 와 닿지 않는다.					
18	내 인생에서 직업이 왜 필요한지 잘 모르겠다.					

19	내가 바라는 직업을 주변에서 반대하는 사람이 많다.					
20	내가 바라는 직업을 부모님이 반대하시기 때문에 갈등이 된다.					
21	집안의 경제적 사정 때문에 내가 바라는 직업을 추구하기가 어렵다.					
22	나이를 강조하기 때문에 내 직업을 추구하는 데 어려움이 있다.					
	하위영역별 점수	점	점	점	점	점
	진로미결정 점수(총점)					점

② 진로사고검사*

진로사고검사(Career Thought Inventory: CTI)는 Sampson, Peterson, Lenz, Reardon 및 Saunders(1996)에 의해 개발된 검사이다. 이 검사는 진로문제 해결과 진로의사결정에 손상을 가져다줄 수 있는 진로와 관련된 역기능적 사고를 측정하도록 개발된 것이다. 하위요인으로 '의사결정 혼란', '수행불안', '외적 갈등'이 있다.

③ 진로결정 수준 척도

진로결정 수준 척도는 Osipow 등(1980)이 개발한 진로결정 수준(Career Decision Scale: CDS) 검사를 고향자(1992)가 우리 문화에 적절한 문장 표현으로 번안한 척도이다. 이 척도는 점수가 높을수록 진로결정을 확신 하고 있음을 나타내어 진로결정 수준이 높은 것을 의미한다.

---

* 진로사고검사는 한국가이던스(www.guidance.co.kr)에서 유료로 실시하고 있다. 진로사고검사(청소년용)을 선택하면 중학생과 고등학생이 받아볼 수 있으며, 검사실시시간은 20분정도 소요된다.

　이 척도를 해석하는 방법은 다음과 같다. 척도의 총점은 최저 18~72점으로 18~24점이면 진로결정 수준이 매우 낮으며, 25~48점이면 진로결정 수준이 보통이며, 60~72점이면 진로결정 수준이 높다고 볼 수 있다.

• 진로결정 수준 척도

번호	내용	전혀 그렇지 않다	그렇지 않은 편이다	다소 그런 편이다	아주 그렇다
1	나는 장래 직업을 결정했으며 그 결정에 대해 편안함을 느낀다.	1	2	3	4
2	나는 현재의 내 전공에 편안함을 느낀다.	1	2	3	4
3	나에게 재능이 있고 기회도 주어진다면 나는 (　)이 될 수 있다고 믿지만, 실제로 그것은 불가능한 일이다. 그렇다고 나는 다른 어떤 대안을 생각해 보지 않았다.	4	3	2	1
4	나는 똑같이 호감이 가는 직업들 중에서 하나를 결정하느라고 애를 먹고 있다.	4	3	2	1
5	나는 결국 직업을 가져야 하지만 내가 아는 어떤 직업에도 호감을 느끼지 못한다.	4	3	2	1
6	나는 (　)이 되고 싶지만 가족이나 친지들의 생각과 다르기 때문에 당장 진로 결정이 어렵다. 내 자신과 그들의 생각이 일치되는 직업을 발견하고 싶다.	4	3	2	1
7	본 경험이 별로 없고 또 당장 진로결정을 할 정도의 충분한 정보가 없기 때문에 혼란스럽다.	4	3	2	1
8	진로선택에 관한 모든 것이 너무 모호하고 불확실해서 당분간 결정하는 것을 보류하고 있다.	4	3	2	1

		4	3	2	1
9	나는 내가 어떤 진로를 원하는지 알고 있다고 생각했지만 최근에 그것을 추구하는 것이 불가능하다는 것을 알게 되었다. 그래서 이제 가능한 다른 진로를 모색하려고 한다.	4	3	2	1
10	나의 진로선택에 확신을 갖고 싶지만 내가 아는 어떤 진로도 나에게 이상적으로 생각되지 않는다.	4	3	2	1
11	진로선택을 해야 한다는 것이 부담스럽기 때문에 빨리 결정해 버리고 싶다. 내가 어떤 진로를 택해야 할지 알려줄 수 있는 검사라도 받고 싶다.	4	3	2	1
12	나의 전공분야가 내가 만족할 만한 진로를 제공해 줄 수 있는지 잘 모르겠다.	4	3	2	1
13	나는 나의 적성과 능력을 잘 모르기 때문에 진로결정은 당장 할 수 없다.	4	3	2	1
14	나는 나의 관심분야가 어떤 것인지 잘 모른다. 흥미를 끄는 분야가 몇 가지가 있지만 나의 진로 가능성과 어떤 관계가 있는지 모르겠다.	4	3	2	1
15	나는 많은 분야에 관심이 있으며 어떤 진로를 선택하든지 잘할 수 있다는 것을 안다. 그러나 내가 원하는 하나의 직업을 찾기가 힘들다.	4	3	2	1
16	나는 진로결정을 했지만 그것을 어떻게 수행해 나갈지 확실하지가 않다. 내가 선택한 ( )이 되기 위해 어떤 준비가 필요한지 모르겠다.	4	3	2	1
17	진로결정을 하기 전에 여러 가지 직업들에 관해 더 많은 정보가 필요하다.	4	3	2	1
18	나는 어떤 직업을 선택해야 할지 알고 있지만 결정을 내리기 위해서는 남의 도움이 필요하다고 느낀다.	4	3	2	1

연번	검사명	대상	소요 시간	검사 방법	관련기관	사이트	비용
1	생애진로검사 (초등학생용)	초	40분	off	중앙적성연구소	www.cyber-test.co.kr	유료
2	생애진로검사	중·고	40분	off	중앙적성연구소	www.cyber-test.co.kr	유료
3	진로태도성숙도 검사	중·고	-	off	중앙적성연구소	www.cyber-test.co.kr	유료
4	진로발달검사	초등 4~6학년, 중등 1	40분	off	한국가이던스	www.guidance.co.kr	유료
5	초등학생 진로인식검사	초등 5~6학년	40분	on/off	한국고용정보원	워크넷 www.work.go.kr	무료
7	청소년 진로발달검사	중·고	40분	on/off	한국고용정보원	워크넷 www.work.go.kr	무료
8	직업성숙도검사	중·고	30분	on	한국직업능력개발원	커리어넷 www.careernet.re.kr	무료

(3) 유용한 진로상담 사정도구

최근 진로상담에서는 개인의 특성을 밝히는 데 비형식적인 기법을 사용하는 것을 강조하고 있다.

검사가 아닌 사정도구를 사용하는 방식은 다양한 진로선택들에 강조점을 두고 청소년들이 스스로 자기탐색 기술을 개발하는 데 도움이 된다. 사정이란 진로의사결정을 돕기 위해 필요한 정보를 수집하고 평가하는 것을 의미 하는데, 대개 검사, 면담, 관찰, 포트폴리오, 수행평가 등 양적 방법과 질적 방법을 활용한다.

진로상담에서 해당 검사의 규준 표본에 속하지 않는 사람들에게 검사를 실시하고 해석하는 것은 매우 조심해야 한다. 따라서 사정도구를 이용하여 의사결정 과정에서 자신에 대한 더 많은 탐색을 하도록 격려해 주는 방식을 취하는 것도 도움이 될 것이다.

특히, 개인의 적성, 흥미, 가치, 성격, 성취, 성숙, 기술 등의 변인들은 사정도구로 측정할 수 있는 중요한 것들이다. 이를 통해 상담자는 청소년들로부터 얻어진 특성들을 가지고 대안들을 구체화할 수 있고, 각 청소년의 개인적이고 특별한 욕구에 맞는 맞춤식 개입전략 구성의 지침으로 삼을 수 있다.

진로상담에서 사정은 심각한 장애의 수준을 지니지 않은 일반 청소년들에게 유용하게 사용할 수 있으며 학교 방과 후, 진로 집단 상담, 청소년 수련회, 단체 활동 등에서도 사용 가능하다. 다음에서는 대표적인 몇몇 자료들을 소개한다.

① 흥미사정

흥미란 자신이 좋아하고 관심을 가지는 것을 의미한다. 흥미가 잘 발달되어 있는 경우는 흥미특성을 재점검하고 흥미와 관련한 적성 여부 및 관련 직업들에 대한 정보를 바탕으로 진로탐색의 단계를 높여 가도록 돕는 것이 필요하다.

하고 싶은 일이 없는 경우는 자신이 좋아하는 일이 없다는 사실로 인하여 낙담하지 않고 좋아하는 과목, 취미활동, 일상생활에서의 즐거웠던 일들을 찾아보고 그런 활동들과 직업 흥미 분야를 연결해 보도록 돕는 것이 중요하다.

반면, 직업탐색에 대한 에너지가 많거나 모호한 기준을 가지고 흥미 분야 및 직업선택에 접근하면 하고 싶은 일이 너무 많을 수도 있다. 이런 경우에는 흥미 이외에 자신이 가진 능력 및 적성, 직업가치관, 직업전망 등을 고려하면서 자신의 흥미 분야를 좁혀 갈 수 있도록 도와야 한다.

ⓒ 직업카드 분류활동

직업카드 분류활동은 흥미를 사정하는 구조화된 기법으로 검사보다 편안하게 진행할 수 있어서 내담자와 친밀한 관계를 형성하는 데 도움을 준다.

직업카드 분류활동을 하면서 상담자는 내담자가 자신과 세상을 어떻게 이해하고 있는지를 탐색할 수 있으며 즉각적으로 피드백을 해 줄 수 있다. 또한 내담자가 자신의 욕구를 자각하며 다양한 직업을 탐색하도록 돕는다. 시중에서 판매되고 있는 직업카드는 몇 가지가 있으며, 상담자가 직접 만들어서 활용할 수도 있다.

마인드프레스의 직업카드150

학지사의 직업카드

한국고용정보원의 직업카드

직업카드 분류활동의 방법

직업카드 분류하기와 주제 확인하기로 구분하여 진행한다.

a. 먼저, 직업카드를 '좋아하는 것', '그저 그런 것(분류할 수 없는 것)', '싫어하는 것'으로
분류한다.

b. 다음으로, 아래의 주제 예시를 참고로 좋아하는 직업에 대해 다음과 같이 이유별로
분류한다.

주제 예시

성취	재미	경제적 보상	명확한 결과	감독	숫자를 다루는 일
진보	위치	새로운 일	안전성	여행	기계를 다루는 일
자율성	직무	힘	안정성	다양성	동물을 다루는 일
이익	의미 유무	지위	스트레스	가치	실외에서 일하는 것
도전	종교	책임감	구조	근무환경	요구되는 능력

	좋아하는 이유	직업명
예	다양한 문화를 접할 수 있어서	관광안내원, 통역원, 스튜어디스
1		
2		
3		
4		
5		

c. 같은 방법으로 싫어하는 직업에 대해 이유별로 분류한다.

	싫어하는 이유	직업명
예	가족과 떨어져서 지내야 하니까	해외 영업원, 기자, 연예인 매니저
1		
2		
3		
4		
5		

d. 자신에게 가장 중요한 주제에 대해 요약한다.

ⓒ 자음으로 시작되는 직업명 쓰기

자음으로 시작되는 직업명 쓰기는 종이에 자음을 쓰고, 그 자음으로 시작하는 단어에 맞춰 흥미(좋아하는 것)를 적고 그 직업에 대해 탐색해볼 수 있는 활동이다. 이 목록은 진로상담이 진행되는 동안 계속해서 유지되고 추가될 수 있다. 이 목록은 선호하는 직업설명에 활용될 수 있다. 이 활동은 빙고게임으로도 진행할 수 있는데, 몇 가지 자음을 제시하고 그 자음들로 시작되는 직업 명칭을 적은 후 빙고게임으로 진행해 볼 수 있다.

② 적성 사정

진로선택 시 중요한 기준 중의 하나인 '적성'은 어떤 일을 수행해 낼 수 있는 잠재적인 능력을 뜻하는 개념이며 특정분야의 일에 필요한 능력, 자질, 잠재적인 능력을 의미한다. 따라서 적성을 강조하는 것은 진로선택 시 흥미와 함께 현실적인 측면에서 중요하게 작용할 수 있지만, 자신의 흥미를 탐색하고 능력을 발전시키기 위해 노력 중이고 발전가능성이 많은 청소년에게는 신중하게 접근해야 한다.

잘못 개입하게 되면 현재 자신이 갖춘 능력, 적성에만 한정하여 직업을 선택하거나 좌절감을 느끼게 할 수 있다. 따라서 적성이라는 기준에 따라 진로선택을 하고 제한하고 판단하기보다는 목표를 설정한 후 자신의 노력에 따라 얼마든지 적성, 능력을 향상시킬 수 있다는 점을 주지시켜 주는 것이 필요하다.

예) 보유능력 확인하기

보유능력 확인하기는 자신감 또는 자존감이 결여되어 있는 내담자에게 일과 관련된 자신이 보유하고 있는 기술 또는 능력을 체크해 보도록 하여 자신감을 고취시킬 수 있는 활동이다. 특히 희망직업과 관련된 능력을 갖추고 있을 경우 긍정적인 피드백을 해주고, 그렇지 못할 경우는 향후 능력을 향상시켜 가는 방법에 대해 상담을 진행하면 좋다.

다음의 보유능력 목록을 보고 자신에게 해당되는 항목에 체크한다. 해당하는 항목에 어떤 공통점이 있는지를 확인해 보고, 현재 자신에게 없지만 보유하고 싶은 능력이 있는지 확인한다.

표 7 보유능력 목록

보유능력 목록		보유능력 목록	
타인과의 협력, 조화		기계조립	
정리, 정돈		운전	
탐험과 답사 관련 지식		전자제품 수리	
모임에서 사회보기		가구 수선	
게임 진행		물건 구입	
조언, 상담		건축, 건설 관련기술	
대인갈등의 조정		물건판매	
협상능력		통계기법	
예산 편성		생활용품 발명	
인사관리		정보검색	
납기일 맞추기		돈 계산(경리, 장부정리)	
계약하기		수금	

주변 환경 꾸미기		컴퓨터프로그램 짜기	
리더십		요약, 발표	
여론조사		물건포장	
공부 가르치기		문서 편집	
암기, 기억		문서 보관, 정리	
환자 간호		자재관리	
아기 돌보기		차량정비	
비평, 논평		그림 그리기	
여행정보 많음		조경, 식물재배	
논리적으로 글쓰기		수공예품 만들기	
번역하기		인쇄, 출판 관련기술	
외국어 회화		워드프로세서(문서작성)	
남을 도와주기		요리	
스포츠		이용, 미용기술	
패션 감각		친절하게 전화 받기	
타인을 설득하기		기타( )	

③ 성격 사정

사람들은 타고난 성격에 따라, 어떤 사람은 남을 돕는 일을 좋아하고, 또 어떤 사람은 기계를 다루는 일을 좋아 할 수 있다. 이와 같이 각자가 서로 다른 독특한 특성을 가지고 살아간다.

이는 직업을 갖고 살아갈 때 만족감이나 행복감과 밀접한 관련이 있다. 따라서 자신의 성격을 정확히 파악하고 이에 부합되는 직업, 일을 선택하는 것도 미래 직업의 만족에 큰 영향을 주는 요인이라고 할 수 있다.

성격을 사정하는 목표는 자기 이해를 증진시키고, 좋아하는 일, 역할, 작업기능, 작업환경을 확인할 수 있으며, 직업의 불만족을 예측해 보는 것이다. 그러나 여러 가지 방법을 통해 성격을 평가한다고 하여도 성격과 직업 간의 직접적인 관련성을 보여 주는 정보를 얻는 것은 아니기 때문에 주의하여야 한다.

예) '내가 생각하는 나, 다른 사람이 말하는 나' 사정도구는 부모나 또래와의 관계에서 어려움을 겪고 있는 청소년이나 타인에 대한 불평 또는 화를 자주 내는 청소년에게 사용하면 좋다. 단순히 장점, 단점을 분류 후 기록한 내용에 대해 청소년의 생각이나 의견을 말해보도록 한다.

구분	내가 생각하는 나의 성격	다른 사람이 말하는 나의 성격
장점		
단점		

④ 가치 사정

가치관은 자신에게 가장 소중한 것이다. 또한 자신을 움직이게 만들고 편안함을 주는 동기를 의미한다. 우리는 서로 다른 가치관을 가지고 있으므로 똑같은 일을 하더라도 어떤 사람에게는 가치가 없고 보람 없는 일로 느껴질 수도 있고, 반면 어떤 사람에게는 굉장히 가치 있고 보람되는 일로 느껴질 수도 있다.

이렇게 어떤 일에 보람과 긍지를 가지게 되는 것은 결국 자신이 어떤 가치관을 가지고 있느냐와 밀접한 관련이 있다. 따라서 사람들 개인이 가치를 어디에 두고 있으며 직업에 있어서도 직업의 어떤 측면을 중요시하는가 하는 것은 추후 직업 선택이나 직업의 만족도에 있어서 매우 중요한 요인이 된다.

가치관은 외재적 가치관과 내재적 가치관으로 분류해 볼 수 있다. 외재적 가치관은 돈, 명예, 지위 등에 중요성을 부여하는 것을 의미하며, 내재적 가치관은 일의 내용에 역점을 두고 일을 통해 만족과 보람을 찾고 나아가 자아실현으로 연결되는 가치를 의미한다. 어떤 사람은 외재적 가치를 추구하며, 어떤 사람은 내재적 가치를 더욱 중요시한다.

다른 요인을 제외하고 외재적 가치와 내재적 가치만을 고려하여 진로를 결정한다면, 외재적 가치를 추구하는 청소년은 '적성'을 중심으로 진로를 선택하고, 내재적 가치를 추구하는 청소년은 '흥미'를 중심으로 진로를 선택한다면 직업에 대한 만족도는 더 높아질 것이다. 그러나 이 또한 확실하게 확인할 수 없는 측면이 있기 때문에 다른 요인에 대한 고려 없이 해석하는 것은 주의해야한다.

예) 직업가치관 문장 완성하기

직업가치관 문장 완성하기 사정도구는 내담자의 가치관을 탐색하는 일

종의 투사검사이다. 문장을 읽고 맞고 틀린 답이 없으니 구체적으로 빈칸을 채워 문장을 완성하게 한다. 작성이 끝난 후 읽어 보도록 하고 내담자와 함께 구체적으로 탐색해 본다.

1. 내가 백만장자라면 ____를 할 것이다.

2. 내가 ○○○를 좋아하는 이유는 ________________________________ 때문이다.

3. 내가 ○○○를 싫어하는 이유는 ________________________________ 때문이다.

4. 내가 그 일을 하기 좋아하는 이유는 ____________________________ 때문이다.

5. 내가 그 일을 하기 싫어하는 이유는 ____________________________ 때문이다.

6. 내가 꼭 해 보고 싶은 일은 ____________________________________ 이다.

7. 내가 정말 하고 싶지 않은 일은 ________________________________ 이다.

8. 내가 인생에서 가장 원하는 것은 ______________________________ 이다.

9. 여러 사람들과 같이 있을 때 나는 ______________________________ 한다.

10. 혼자 있을 때 나는 ____ 한다.

⑤ 그 밖의 진로상담 사정도구

㉠ 생애진로무지개

생애진로무지개는 우리의 일생을 무지개 그림을 통해 한눈에 알아볼 수 있는 사정도구이다. 자신이 원하는 직업과 자신의 현재와 미래의 여러 가지 역할을 어떻게 조화할 수 있는지를 탐색할 수 있다. 무지개의 맨 가장자리에 쓰여 있는 숫자는 나이를 나타낸다. 그리고 아랫부분에는 자신이 해 왔거나 하게 될 중요한 역할들을 적는다. 각 역할의 시작과 끝을 표시하고 색칠을 한다. 그다음에는 무지개의 가운데 부분과 자신의 현재 나이에 해당하는 숫자를 연결해서 선을 긋는다. 선을 중심으로 왼쪽은 자신이 현재까지 수행해 왔던 역할이며, 오른쪽은 앞으로 수행해야 할 역할이다.

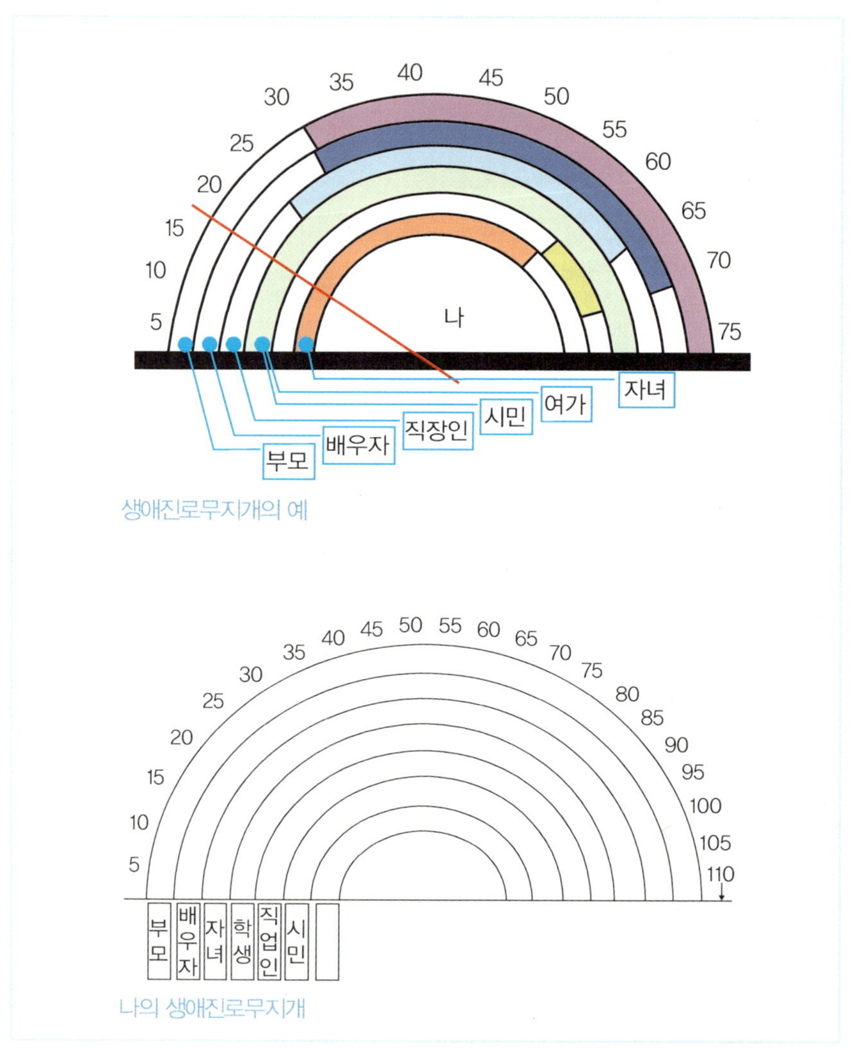

생애진로무지개의 예

나의 생애진로무지개

ⓛ 인생 곡선 그리기

인생 곡선 그리기는 청소년으로 하여금 자신의 삶에 대해 좀 더 명확한 시각을 갖도록 하는 데 도움이 되는 도구이다. 자신의 삶에 대해 스스로 점수를 부여하는 과정에서 자기반성을 할 수 있도록 하기도 하고 미래에 대한 준비의 필요성을 일으킬 수 있도록 해 준다.

인생 곡선 그리기의 방법은 다음과 같다.

a. 출생부터 현재까지에 대해 가장 불행했던 순간을 −100점, 가장 행복했던 순간을 +100점으로 생각하고 나이와 사건에 따라 점수를 매겨 본다.

b. 각각의 점수를 선으로 연결해서 그래프로 바꾸어 표현한다.

c. 각각의 점수에 따른 이유를 자세히 적어 본다.

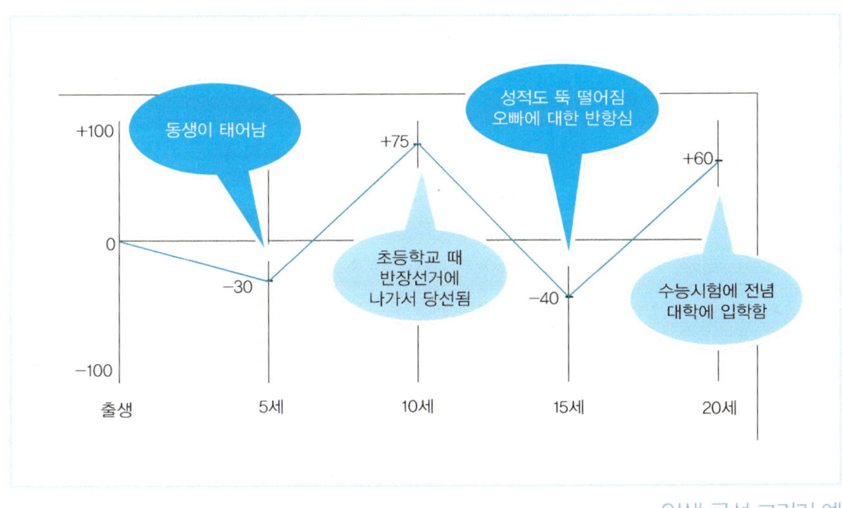

인생 곡선 그리기 예

ⓒ 자기 이해 포트폴리오

자기 이해 포트폴리오는 자신의 여러 특성을 한 장으로 정리할 수 있는 사정도구이다. 다음의 꽃 그림의 빈칸에 자신이 발견한 특성을 적는다. 전지에 나무를 그린 다음 자신의 특성을 열매로 표현하는 등 다양한 모양의 그림을 그려 자신의 특성을 적는 방법도 있다. 이 활동을 통해 청소년들은 자신의 특성을 보다 명확하게 확인할 수 있다. 각 특성과 관련된 직업을 여백에 함께 적어 보는 것도 좋다.

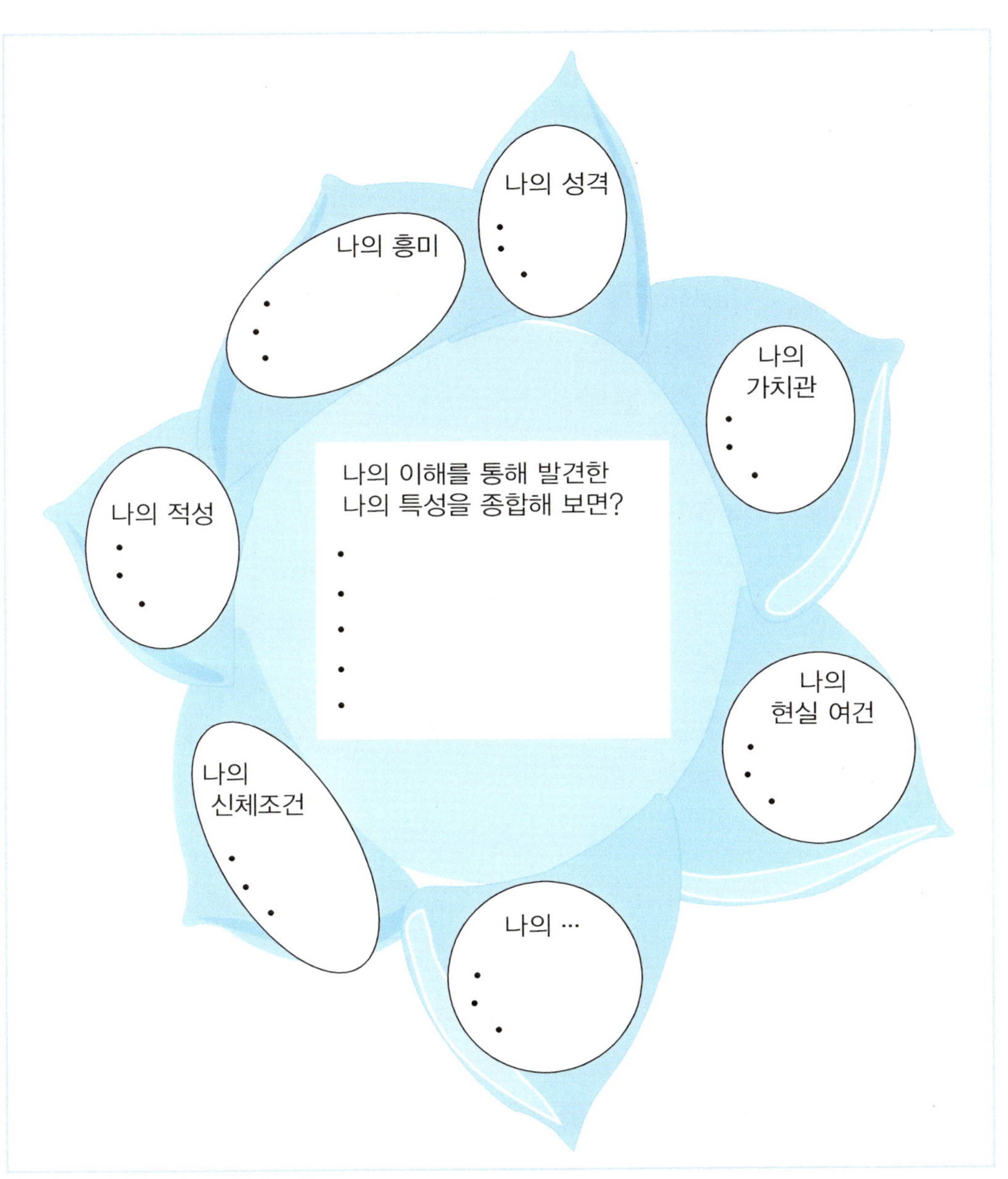

자기 이해 포트폴리오의 예

PART 03

진로상담을 위한
다양한 전략과 방법

1. 진로상담 이론

진로상담은 실제로 상담심리학의 발달에 중심적 역할을 하였다. 그러한 가치에도 불구하고 진로상담에 대한 평가는 그리 높지 않다. 많은 상담자들이 진로상담과 심리상담을 별개의 상담활동으로 구분해서 생각하고 있지만, 심리상담을 명확히 정의하게 되면 너무 광범위하여 진로와 직접적으로 연관되지 않게 되고, 진로상담을 명확히 정의하면 너무 협소해서 청소년기 최초 진로선택에만 초점을 맞추게 되는 딜레마가 있다(Haverkamp & Moore, 1993).

특히 청소년 상담에서 진로상담과 심리상담을 분리하는 것은 매우 불가능한 일이다. 실제 상담 장면에서 내담자들은 진로상담과 심리상담을 별개로 생각하지 않는 반면, 상담기관이나 상담자들은 상담자와 진로상담과 심리상담을 구분하고 있다. 다시 말하면 대부분의 청소년들은 진로상담과 심리상담을 함께 받기를 희망한다. 청소년 발달에 진로문제가 끼치는 영향력은 앞서 PART 01에서도 살펴본 것처럼 청소년 문제의 대부분은 진로와 관련되어 있다고 해도 과언이 아니다. 또한, 학업문제, 또래문제, 부모와의 갈등, 학교생활 적응문제, 불안·우울 문제 등 모두가 청소년의 진로와 무관하지 않다.

진로상담은 청소년들의 진로발달 문제를 돕는 것뿐만 아니라 이를 방해하는 심리적 문제, 그리고 내담자들이 인생 역할들 간에 균형과 조화를 이룰 수 있는 인생 계획을 발전시켜 가도록 도와주는 활동이다(Brown & Brooks, 1991).

일반적으로 많은 상담자와 교육자들은 일반적인 심리상담보다 진로상담에 대한 관심이 훨씬 적었다. 따라서 진로문제를 가진 내담자보다 정서문제를 가진 내담자를 상담하는 데 흥미와 의지를 가졌고, 상담 관련 학과의 커리큘럼이나 상담자 교육프로그램에서도 진로상담 관련 교과목은 매우 드물었던 것이 사실이다(Pinkney & Jacobs, 1985; Schneider & Gelso, 1972). 그러나 최근에는 대학원 과정에서 진로상담과 직업상담 전공을 개설하는 학교가 상당수 생길 정도로 진로상담 분야에 대한 관심이 커졌다.

내담자에 맞는 진로상담을 효율적으로 진행하기 위해 여러 가지 진로상담 이론과 접근을 아는 것이 필요하여 대표적 학자가 제시한 내용을 중심으로 소개하고자 한다.

1) 특성요인 진로상담

특성요인 진로상담은 Williamson의 특성요인 이론에 기초하여 발전된 진로상담 방법으로 개인차 심리학에 배경을 두고 있다. 특성요인 이론은 인간의 행동이나 성격이 능력, 흥미, 태도, 기질 등의 요인이 복합적으로 상호작용해서 나타난 결과라고 주장한다. 따라서 인간의 성격이나 행동의 특성은 여러 차원으로 분류될 수 있으며, 심리검사 등의 방법을 통해서 측정되고 평가될 수 있다고 본다(김충기 등, 2011).

특성요인 이론은 '사람과 직업을 매칭'시키려는 직업선택 이론이며, 다음과 같은 가정에서 출발한다(Crties, 1969). 첫째, 개인은 각자 독특한 심리적 특성을 갖고 있으므로 각자에게 맞는 특정의 직업유형에서 더 잘 적응한다. 둘째, 서로 다른 직업에 종사하는 사람들은 각자 다른 심리적 특성을 갖고 있다. 셋째, 개인의 특성과 직업에서 요구하는 것들 사이의 조화의 정도에 따라 직업적응의 정도가 결정된다.

이 이론적 모형에서 진로상담의 목적은 내담자에게 많은 검사정보와 직업정보를 제공해 주고 이를 토대로 진로선택을 하도록 돕는 것이다. 상담자는 상담과정 동안 내담자를 교육하고 설득하며, 자신의 추론이 합리적임을 내담자에게 확신시켜 주어야 한다. 따라서 특성요인 진로상담에서 가장 강조하고 있는 상담자 요인은 전문성과 신뢰성이다(Strong & Schmidt, 1970).

(1) 진단

특성요인 진로상담 이론에서 변별진단은 가장 중요한 과정이다. 변별진단이란 일련의 사실과 자료들로부터 일관된 의미를 논리적으로 파악하여 문제를 해결하는 과정이다(Williamson, 1939). 또한, 내담자가 미래에 대한 방향설정과 적응을 할 수 있도록 일관된 형식의 의미를 판단하고 예측해 주며 내담자의 장점과 경향성을 이해하는 활동이다.

① Williamson(1939)의 변별진단

Williamson(1939)은 진로의사결정에서 나타나는 여러 문제에 대한 변별진단의 결과를 다음과 같이 분류하였다.

표 8 Williamson의 변별진단 결과 분류

직업선택 문제	세부 특징
직업 무선택	공식적인 교육이나 훈련을 마친 후에도 직업선택에 대한 의사표현을 하지 못하며 또한 자신이 원하는 것이 무엇인지도 모른다.
직업선택에 대한 확신 부족	직업을 선택하고 또 그 직업의 명칭을 말할 수도 있지만, 자신의 결정에 대한 확신이 없다.
현명하지 못한 직업선택	내담자의 능력 및 흥미와 직업요건 간의 불일치로써, 내담자가 충분한 적성을 가지고 있지 않은 직업을 선택하는 경우이다.
흥미와 적성 간의 모순	흥미를 느끼는 직업에 대해서는 적성을 가지고 있지 못하거나, 적성을 가지고 있는 직업에 대해서는 흥미를 느끼지 못하는 경우이다.

② Crites(1969)의 직업선택 문제

Crites(1969)는 개인에게 측정된 적성(흥미)과 개인이 선택한 직업분야에서 요구되는 적성(흥미) 사이의 일치성에 따라 문제의 유형을 독립적이고 상호배타적인 진단체계로 다음과 같이 분류하였다.

표 9 Crites의 직업선택 문제 분류

직업선택 문제		세부 특징
적응문제	적응된	· 자신의 적절한 적성수준에서 흥미에 맞는 직업을 선택한다. · 흥미분야가 여러 가지일 수 있으나, 자신에게 맞는 한 가지 직업을 선택한다. · 자신의 선택에 대해 '확신이 없어서' 진로상담을 요청할 수는 있으나, '특별한 문제는 없는' 상태이다.
	부적응된	· 자신의 흥미나 적성과 일치하지 않는 직업을 선택한다. · 의사결정과정에 사용되는 요인들이 서로 일관적이지 않다.
우유부단의 문제	다재다능한	· 개인의 흥미 및 적성과 일치하는 직업이 여러 가지이다. · 직업선택을 위해 한 가지 직업을 결정해야 하지만, 어떤 것을 선택해야 할지 결정하지 못한다.
	우유부단한	· 흥미나 적성의 유형이나 수준과 관계없이, 어떤 직업을 선택해야 할지 결정하지 못한다.
비현실성의 문제	비현실적인	· 자신의 적성수준보다 높은 적성을 요구하는 직업을 선택한다. · 자신이 선택한 직업이 흥미와 일치할 수도 있고, 일치하지 않을 수도 있다.
	불충족한	· 자신의 흥미와는 일치하지만, 적성수준보다는 낮은 적성을 요구하는 직업을 선택한다.
	강요된	· 자신의 적성수준에서 선택을 하지만, 자신의 흥미와는 일치하지 않는 직업을 선택한다.

(2) 진로상담의 과정

특성요인 진로상담의 과정은 합리적이고 과학적인 문제해결을 돕기 위해 다음과 같은 과정을 따른다(Williamson, 1939). 진로상담의 과정은 상담자가 내담자에 대한 자료를 수집, 분석, 평가하는 활동들로 구성된다. 상담과정의 처음 네 단계(분석, 종합, 진단, 예측)는 상담자가 주도적으로 이끌어 가며, 나머지 두 단계(상담, 추후지도)에서만 내담자가 능동적으로 참여한다.

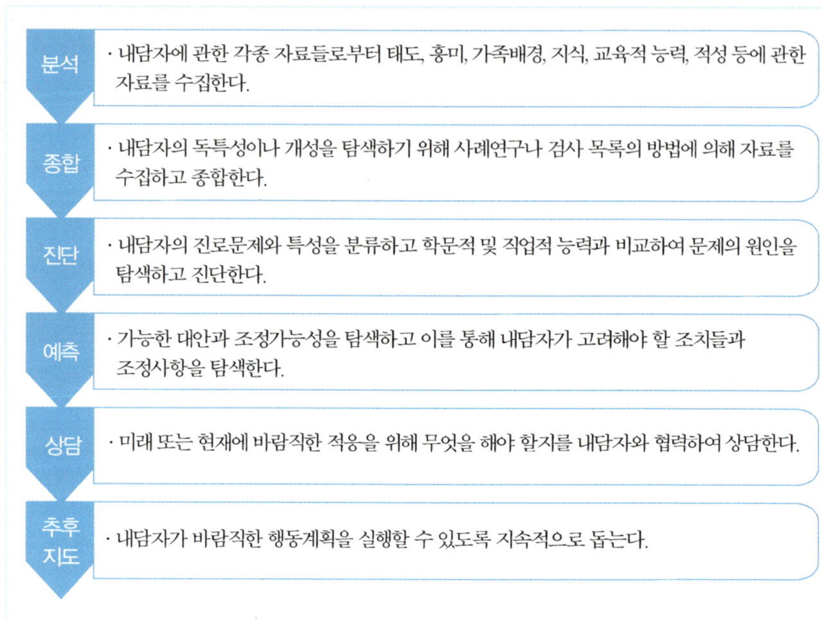

특성요인 진로상담의 과정(Williamson, 1939)

(3) 진로상담의 결과

특성요인 진로상담은 개인의 특성이나 각 직업에서 요구하는 조건이나 직업특성들을 과학적이고 합리적으로 분석하여 이 둘 사이를 현명하게 연결시켜 합리적인 직업선택을 할 수 있도록 돕는 것을 목적으로 하고 있다(김충기·황인호·장성화·김순자·윤향숙, 2011).

(4) 진로상담의 방법

특성요인 진로상담에서는 상담자가 상담기술이나 검사의 해석절차, 직업정보의 이용 등을 통해 내담자의 의사결정 문제에 대해 합리적·논리적·능동적으로 접근한다. 다른 이론에 비해 상담자가 주도적이지만 내담자들의 감정이나 태도에 대해 판단하지 않고, 수용한다.

① 기법

㉠ 촉진적 관계형성: 상담자는 내담자가 신뢰할 수 있도록 분위기를 만들고 문제해결을 촉진할 수 있는 관계를 형성한다.

㉡ 자기 이해 신장: 상담자는 내담자가 자신의 장점과 특성에 대해 개방적인 평가를 할 수 있도록 도우며, 그러한 특성과 진로문제와 어떤 관련성이 있는지에 대한 통찰력을 얻도록 격려한다.

㉢ 실질적 행동계획이나 설계: 상담자는 내담자가 표현한 직업적 선택에 대해 내담자가 이해하는 관점에서 상담이나 조언을 한다. 또한 내담자의 학문적 및 직업적 선택이나 내담자의 감정, 태도 등에 대해 언어로 명료화하고 실제적인 행동을 계획하고 설계하도록 돕는다.

㉣ 계획의 실행: 상담자는 내담자가 직업선택을 하는 데 있어서 직접적인 도움을 제공하여 내담자가 직접 진로선택을 해 보도록 돕는다.

㉤ 의뢰: 상담자가 직접 해결하지 못하는 문제가 생길 경우 상담자는 내담자에게 다른 상담자를 만날 수 있도록 의뢰한다.

② 심리검사의 활용

특성요인 진로상담에서는 내담자의 특성에 대한 자료를 과학적으로 수집하고 분석·종합하여 합리적인 의사결정을 하도록 돕는 것을 강조한다. 따라서 검사결과를 해석하고 그 결과에 따라 상담자가 개입하는 과정이 매우 중요하다. Williamson(1939)은 상담자가 검사결과를 해석해 주는 방법으로 설득, 설명, 직접충고 등의 방법을 제안하였다.

③ 직업정보의 기능

특성요인 진로상담에서 상담자가 내담자에게 직업정보를 제공해 주는 목적은 내담자가 진로선택에 대해서 더 많이 알도록 하고, 이미 선택한 직업을 확인시켜 주기 위한 것이다. 직업정보는 내담자가 자신의 현실 여건에 맞는 선택을 했는지 점검해 보는 기초를 마련해 준다. 의존적인 내담자에게는 지속적인 관계를 유지하면서 진로선택에 대한 책임과 동기를 가지도록 독려한다.

2) 인간중심 진로상담

인간중심 진로상담은 Rogers(1951)에 의해 제시된 인간중심 상담을 토대로 Patterson(1964)이 진로상담에 적용하여 개념화하였다. 특성요인 진로상담에서는 물리적 현상으로서의 '외부 세계'를 강조한 반면에 인간중심 진로상담에서는 개인을 자아실현의 경향성을 지닌 존재로 보기 때문에 각 개인의 현상적인 경험의 세계를 중요시한다. 즉, 내담자가 심리적으로 적응을 잘하고 있다면 자신의 문제가 진로문제라 할지라도 특별한 진로상담을 하지 않더라도 자연스럽게 그 문제가 해결된다고 보았다(Arbuckle, 1961; Doleys, 1961).

(1) 진단

특성요인 진로상담에서는 진단 자체가 상담의 중심을 차지한다. 반면 인간중심 진로상담에서는 심리검사와 같은 진단에 크게 의존하지 않는다. Rogers(1942)는 상담자가 내담자에게 정보를 수집하려고 하면 그것이 상담을 촉진하기 위한 것이라 할지라도 내담자는 그 문제를 해결하려는 책임이 상담자에게 있다고 느끼게 만들고, 편견이나 선택의 폭을 줄이는 등의 피해를 줄 수 있다고 주장한다.

다만 내담자의 문제가 무엇인지를 알 수 있는 방법은 내담자의 문제가 정보의 부족 때문인지, 정보의 부정이나 왜곡 때문인지를 알아야 하는데, 이 경우 진단적 결정을 활용한다(Crites, 1981).

(2) 진로상담의 과정

인간중심 진로상담의 상담과정 6단계를 다음과 같이 제시한다(Rogers, 1961). 인간중심 진로상담이 효과적으로 이루어지기 위해서는 상담자는 내담자를 6단계의 경험수준으로 이끌어야 한다.

그러면 중재가 가능하고 내담자를 더 높은 경험의 단계로 이끌 수 있으며, 아울러 진로발달뿐만 아니라 개인의 발달도 도모할 수 있다(Williams, 1962).

1	・내담자는 자신에 대해 이야기하고 싶어하지 않으며 자기 이외에 외부적인 것에 대한 피상적인 대화에 머문다.
2	・내담자는 계속 자기의 문제가 아닌 외부의 사건을 언급하며, 과거의 경험에 대해서만 이야기한다.
3	・내담자는 내담자의 감정이 이완되지만 아직까지 상담자와 친밀한 접촉은 하지 않는다.
4	・내담자는 자신의 경험을 보다 진실하고 강도 있게 다루지만 상담자의 도움 없이 자신의 감정을 제대로 표현하지 못한다.
5	・내담자는 '지금-여기'에서 느끼는 감정들을 표현하기 시작하며, 자신의 경험을 노출하며 문제를 해결하려 한다.
6	・내담자의 경험과 과정이 생생하고 자유로워지며 경험과 지각 간의 모순이 사라지고 민감해진다. 자신의 문제에 적극적으로 대처한다.
7	・내담자는 자신의 경험을 주관적으로 인식한다. 잘 조화된 감정과 더불어 내면적 의사소통이 가능하며, 효율적이고 새로운 존재방식을 자발적으로 선택한다.

인간중심 진로상담의 과정(Rogers, 1961)

(3) 진로상담의 결과

인간중심 진로상담은 내담자의 자아와 일에 대한 정보가 부족하거나 왜곡되지 않도록 하고, 이러한 두 경험이 보다 많이 일치하도록 돕는 과정이다(Patterson, 1964). 인간중심 진로상담은 내담자와 상담자의 상호작용 과정에서 이루어지므로 진로상담의 결과를 평가하기 위해 상담자는 상담 초기와 상담 종료시의 태도 및 행동·정서를 자세히 관찰해야 한다. 인간중심 진로상담의 목적은 내담자가 일의 세계에 대한 자아와 자아의 역할에 대한 통합된 모습을 개발하는 데 있다.

(4) 진로상담의 방법

① 상담기법

인간중심 진로상담에서는 상담을 성공적으로 이끌기 위해서 기법보다 능동적인 상담자의 태도가 더 중요시된다. 상담자의 태도는 면담기법, 검사의 해석, 직업정보 등의 과정을 통해 내담자에게 전달되며, 그로 인해 내담자의 일치성이 증가되고 변화를 가져오는 깊이 있는 관계가 형성된다. 상담자가 갖추어야 할 태도는 일치성과 진솔성, 공감적 이해, 무조건적인 긍정적 존중과 수용이다. 인간중심 진로상담에서 초기에는 비지시적 상담기법이 강조되었으나 점점 매우 정교화된 상담기법들도 강조되고 있는 추세이다.

② 심리검사의 활용

초기 인간중심 진로상담에서는 검사에 지나치게 의존하면 내담자를 자기 방어적으로 만들고 자기 수용적인 태도를 감소하게 만든다고 검사의 사용을 반대하였으나 최근에는 상담과정에서 꼭 필요할 때 보조적으로 사용하는 것도 바람직하다고 보고 있다.

③ 직업정보의 기능

인간중심 진로상담에서 직업정보는 내담자의 입장에서 필요하다고 인정할 때에만 사용하며, 내담자에게 영향을 주거나 내담자를 조종하기 위해 사용되어서는 안 된다. 직업정보 제공을 통해 내담자의 자발성과 책임감을 극대화하기 위해서는 내담자에게 정보의 출처(출판물, 직업인, 직업정보 제공 사이트 등)를 알려 준 뒤 정보를 직접 찾도록 격려해야 한다. 또한 직업정보 제공 후 직업과 일에 대한 내담자의 태도와 감정을 자유롭게 표현할 수 있도록 하여야 하며, 그것이 상담에 효과적으로 이용되어야 한다.

3) 정신역동적 진로상담

정신역동적 진로상담은 정신분석학을 토대로 하여 특성요인 진로상담 이론과 인간중심 진로상담을 포괄한 접근방식이다. 따라서 내담자의 내적 세계뿐만 아니라 검사정보도 독특한 방식으로 직업결정 과정에 활용한다. 정신역동적 진로상담은 사람과 직업을 연결 짓는 것을 기초로 하여 '어떻게 그와 같은 선택이 이루어지는가?'의 과정에 대한 복잡한 개념을 설명하려고 노력하였다.

(1) 진단

정신역동적 진로상담은 Bordin(1968)에 의해 구체화되고 발전되었으며 정신분석적 상담이론의 원리에 근거를 두고 있다. 그는 직업선택은 내담자의 욕구를 포함하고 있으며, 발달적 과정이라고 설명하였다. 그는 진단범주를 의존성, 정보의 부족, 자아의 갈등, 직업선택에 대한 불안, 확신의 부족으로 제시하였다.

(2) 진로상담의 과정

　정신역동 진로상담의 과정은 탐색과 계약설정 단계, 핵심결정 단계, 변화를 위한 노력 단계로 구분된다(Bordin, 1968).

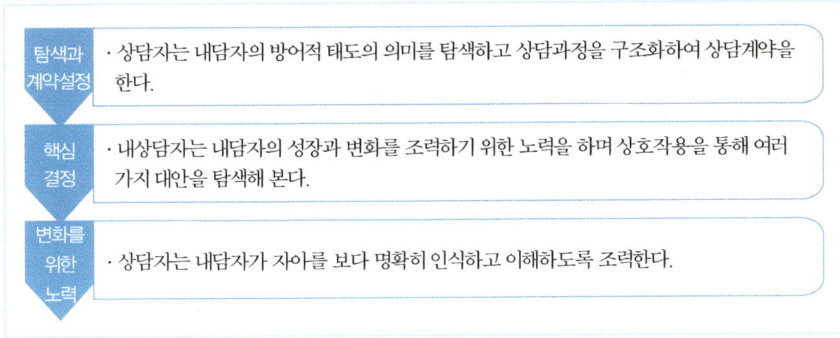

정신역동적 진로상담의 과정(Bordin, 1968)

(3) 진로상담의 결과

　정신역동적 진로상담은 내담자가 현명한 진로의사결정을 하고 자신의 선택에 대해 책임을 수용할 수 있도록 돕는 과정이다. 아울러 진단을 통해서 나타난 심리적 어려움 같은 문제들을 해결하는 것이 중요하다. 그 방법은 진로상담 과정을 통해 진로문제뿐만 아니라 성격문제를 해결하기 위해 노력하는 방법과 개인상담을 통해 진로를 너무 강조하지 않으면서 불안을 감소시키고 성격구조의 변화를 도모하는 방법이다. 어떤 방법이든지 성공적으로 성격변화를 이룰 수 있을 것이며 진로결정 또한 성공적으로 될 것이다.

(4) 진로상담의 방법

① 상담기법

정신역동적 진로상담의 방법은 정신분석적 방법뿐 아니라 특성요인 진로상담과 인간중심 진로상담에서 도입된 기법들을 통합한 접근방법이다. Bordin(1968)은 상담기법을 명료화, 비교, 소망-방어체계에 대한 해석의 세 가지 방법으로 제시하고 있다. 명료화는 현재의 진로문제와 관련된 내담자의 생각과 감정을 언어로 명료화하여 재인식시키는 방법이다.

비교는 내담자가 갖고 있는 문제와 역동적인 현상 간의 유사점과 차이점을 비교하는 방법이다. 소망-방어체계에 대한 해석은 내담자가 자신의 내적 동기 상태와 진로의사결정 사이의 관계를 각성하도록 돕는 방법이다.

② 심리검사의 활용

정신역동적 진로상담은 심리검사에 의한 진단이 핵심이다. 상담자는 심리검사를 통해 내담자의 심리상태를 정확히 이해하고 상담에 대한 내담자의 기대를 충족시키기 위해 검사결과를 활용해야 한다(Bordin, 1968).

상담자가 내담자에게 적성검사, 흥미검사, 성격검사 등의 심리검사에 대해 알려 주면 내담자가 자신의 진로문제를 해결하는 데 가장 유용한 종류의 검사를 선택하고 상담자는 그 개념에 대한 정보를 제공할 검사를 선택한다

③ 직업정보의 기능

정신역동적 진로상담에서는 개인의 욕구와 직업의 요구조건 간의 연결을

중요시한다. 따라서 직업정보는 그 직업적 책무와 업무에 대한 '요구분석'에 토대를 두어야 한다.

특정 직업인들이 왜 그 직업을 갖게 되었으며, 어떠한 만족을 얻고 있는지를 알게 된다면, 내담자의 욕구를 가장 잘 충족시켜 줄 수 있는 직업을 선택하는 데 도움이 될 것이다.

4) 발달적 진로상담

발달적 진로상담은 개인의 진로발달은 전 생애에 걸쳐 이루어지는 과정이므로 진로발달 측면을 중요시한다. 정신역동적 진로상담이 발달의 의사결정 측면을 강조하였다면 발달적 진로상담은 내담자의 진로의사결정 문제와 직업성숙도 사이의 일치성에 초점을 둔다.

(1) 진단

Super(1957)는 직업선택의 과정은 아동기에서부터 은퇴에 이르기까지 계속되는 연속적 과정이며 개인의 과거와 현재, 그리고 미래까지도 동시에 고려해야 한다고 하였다. 발달적 진로상담에서 평가라는 표현이 진단보다 더 포괄적이며 긍정적이라는 이유로 진단이라는 표현을 '평가'라는 말로 사용한다(Super, 1957).

Super(1957)는 내담자의 문제뿐만 아니라 잠재력에도 초점을 두어 문제의 평가, 개인적 평가, 예언적 평가의 세 가지 평가를 제시하였다. 문제의 평가는 내담자가 경험하고 있는 어려움과 진로상담에 대한 내담자의 기대를 평가한다.

개인적 평가는 심리검사, 임상적 방법, 사례연구 등을 통해 내담자 개인의 특성과 개인적 정보를 평가하고 수집한다. 예언적 평가는 문제의 평가와 개인적 평가를 바탕으로 내담자가 어떤 직종에서 성공적이고 만족할 수 있을지를 예측한다.

(2) 진로상담의 과정

발달적 진로상담은 진로발달이론에 기초를 두고 있으며 내담자와 상담자의 관계는 내담자가 진로발달의 어느 단계에 도달해 있는가에 따라 달라진다. 따라서 상담자는 내담자의 생애발달 단계와 직업성숙도를 측 정하고 결정하여 진로상담 전략을 수립하여야 한다.

내담자의 직업성숙도가 연령에 비해 상대적으로 낮다면 안내와 탐색과 같은 직업준비에 중점을 두어야 하고 반대로 진로성숙도가 연령에 비해 상대적으로 높다면 내담자와 함께 관련 직업정보를 수집, 분석, 내면화하여 진로의사결정을 합리적으로 할 수 있도록 하는 데 초점을 두어야 한다(Super & Overstreet, 1960).

Super(1957)는 진로상담에서 자아탐색, 의사결정, 현실검증 등의 이성적 측면들과 정서적 측면들이 모두 다루어져야 한다고 보고 다음과 같은 단계들을 거친다고 하였다.

발달적 진로상담의 과정(Super, 1957)

(3) 진로상담의 결과

발달적 진로상담의 목표는 내담자의 긴장을 이완시키고, 느낌을 명료화하며, 통찰을 돕고, 자신의 직업분야에서 유능감을 경험하게 함으로써, 직업적응을 촉진시키고 일상적인 삶에서의 적응력을 증진시키도록 돕는 것과 내담자의 약점보다 강점을 강조함으로써 내담자가 자신의 삶의 의미를 설정하도록 돕는 것이다(Super, 1955). 따라서 진로상담을 통해 개인의 진로발달뿐만 아니라 일반적 발달 모두가 향상될 수 있으며 직업적응 향상을 통한 전반적인 적응에도 긍정적인 효과를 기대할 수 있다(Crites, 1981).

(4) 진로상담의 방법

① 상담기법

발달적 진로상담은 포괄적이고 종합적인 접근방법이다. 상담자는 재진술, 반응, 명료화, 요약, 해석, 직면 등 지시적·비지시적 방법을 사용하여 상담을 진행한다. 상담 시 내담자의 적극적인 참여를 돕기 위해 진로자서전과 의사결정 일기쓰기 등의 활동을 하기도 한다.

② 심리검사의 활용

Super(1957)는 내담자에 대한 정보를 얻기 위해 집중검사와 정밀검사를 개발하였다. 집중검사는 특성요인 진로상담에서처럼 진로상담 초기에 내담자의 특성을 평가하는 것이며, 정밀검사는 진로상담이 진행되는 과정 중에 내담자의 진로발달 과정과 유형을 개별검사들을 통해 평가하는 것이다. 발달적 진로상담에서는 정밀검사를 더 중요시하고 있다. 상담자는 정밀검사를 실시하기 전에 내담자에게 검사의 필요성을 설명하고 동의하도록 해야 하는데, 이 과정은 내담자로 하여금 검사결과를 지지적으로 수용하고 활용할 가능성을 높여 주게 된다. 또 검사의 효과를 극대화시키기 위해서 검사결과를 프로파일이나 도표를 활용하여 시각적으로 제시하기보다는 언어적인 설명을 해 주어야 한다. 내담자들은 언어적으로 제시해 줄 때 검사결과의 정보를 진로선택을 위한 사고과정 속에서 더 잘 통합할 수 있다.

③ 직업정보의 기능

발달적 진로상담에서는 내담자의 다양한 직업적 욕구를 충족시켜 줄 수 있는 직업유형에 대한 정보를 중요시한다. 상담자는 직업세계의 구조, 직업전망, 지위와 업무, 고용기회 등의 직업정보를 소책자 등을 통해 내담자에게 제공해 준다.

5) 행동주의 진로상담

진로상담 이론들은 대부분 과정보다 내용을 강조하고 있다. 그러나 행동주의 진로상담은 진로의사결정에 영향을 미치는 학습과정만을 다룬다는 점이 특징이다. 진로상담의 초점을 내담자가 가진 문제행동을 학습된 부적응행동이라고 보고 다양한 방법을 통해 내담자의 부적응행동을 바람직한 새로운 행동으로 변화시키도록 조력하는 데 두고 있다.

(1) 진단

Goodstein(1972)은 진로선택 문제의 원인을 불안이라고 보고 불안을 선행불안과 결과불안으로 구분하였다. 선행불안은 선택을 하기 전에 경험하는 불안으로, 적절하고 적응적인 반응을 배울 수 있는 충분한 기회가 부족해서 발생한다. 따라서 발달적 진로상담에서는 내담자의 다양한 직업적 욕구를 충족시켜 줄 수 있는 직업유형에 대한 정보를 중요시한다. 상담자는 직업세계의 구조, 직업전망, 지위와 업무, 고용기회 등의 직업정보를 소책자 등을 통해 내담자에게 제공해 준다.

　행동주의 진로상담에서는 내담자의 의사결정 문제를 불안으로 보기 때문에 불안을 먼저 제거한 후 인지적 과정을 통해 진로선택을 돕는다. 행동주의 진로상담은 다음과 같이 1단계에서 불안을 제거하고 2단계에서 도구적 학습을 제공한다. 그러나 내담자의 문제가 우유부단이라면 불안은 선행요인이 아닌 결과로서만 나타나기 때문에 진로상담은 2단계인 도구적 학습 단계에서 시작한다. 주의할 점은 행동주의 진로상담에서 불안을 제거하는 것이 주요 관심이 아니므로 불안의 제거보다는 부적응 행동을 치료하거나 적응 행동을 학습하게 하는 조건형성에 상담의 초점을 맞추어야 한다.

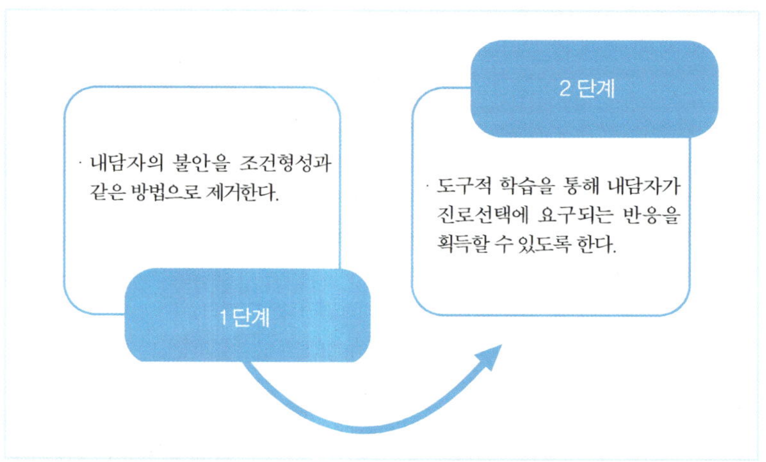

행동주의 상담의 과정

(3) 진로상담의 결과

행동주의 진로상담의 결과는 선행원인과 결과로서의 불안을 감소 또는 제거하고, 새로운 적응 행동을 학습하며, 진로결정 기술을 습득하는 것이다. 다시 말해 내담자의 불안을 제거하고 부적응 행동을 바람직한 적응 행동으로 변화시킨 뒤, 내담자의 진로결정 기술을 학습하게 함으로써 합리적인 진로결정을 할 수 있도록 돕는 것이다.

(4) 접근방법 및 기법

① 상담기법

행동주의 진로상담은 상담의 목표나 가치보다 상담기법을 강조하며 상담기법이 매우 구체적이다. 행동주의 진로상담 기법은 불안을 완화하거나 제거하기 위한 방법과 새로운 학습을 돕는 방법으로 구분된다. 불안감소 기법으로는 체계적 둔감화, 금지조건 형성 또는 내적 금지, 반조건 형성 등이 있으며, 학습촉진 기법으로는 강화, 사회적 모델링과 대리학습, 변별학습 등이 있다.

② 심리검사의 활용

행동주의 진로상담은 검사를 통해 개인의 특성이나 개인차를 측정할 수는 있지만 환경과의 상호작용에 대해서 설명하지 못하므로 전통적인 검사의 사용과 결과 해석에 큰 비중을 두지 않는다. 그러나 흥미가 학습에 영향을 미친다고 가정하기 때문에 흥미검사도 종종 사용하기도 한다.

③ 직업정보의 기능

Krumboltz와 Bergland(1969)는 20여 가지 직종에 대해 직업정보를 상세하게 제시하고, '문제해결 진로도구'라는 유용한 도구를 고안했다. 이처럼 행동주의 진로상담에서는 인쇄된 직업정보를 통해 내담자들이 보다 많은 것을 배울 수 있을 것으로 가정하였다.

6) 포괄적 진로상담

포괄적 진로상담은 진로상담 이론들과 일반상담 이론들이 갖는 장점들을 절충하고 단점들을 보완하여 통합한 접근방법이다(Crites, 1981).

(1) 진단

포괄적 진로상담은 여러 접근에서 제시하고 있는 진단체계를 모두 고려하고 있으므로 상담자들은 다양한 이론의 진단체계에 대해 잘 알고 있어야 한다. 내담자의 진로결정 문제를 분류한 후 그 문제의 원인과 행동으로 나타나는 결과들을 확인한다. 이러한 진단과정을 통해 내담자의 문제와 원인에 대한 배경지식을 얻은 후 내담자의 진로성숙도와 진로문제와의 관련성을 확인한다.

(2) 진로상담의 과정

포괄적 진로상담은 진로상담 과정을 내담자와 상담자 간의 상호작용 과정으로 본다. 내담자가 진로선택에서 가졌던 문제를 솔직하게 털어놓고,

진로상담을 통해 자신의 문제를 내면화함으로써 문제해결에 이를 수 있다는 것이다. 이를 위해 내담자의 문제를 파악하기 위한 자료를 모으고 검사를 실시하고 해석하여 문제를 명료화한다. 마지막으로 상담과 검사를 통해서 얻어진 자료를 바탕으로 직업정보를 제공하게 된다. 그 과정은 다음과 같다.

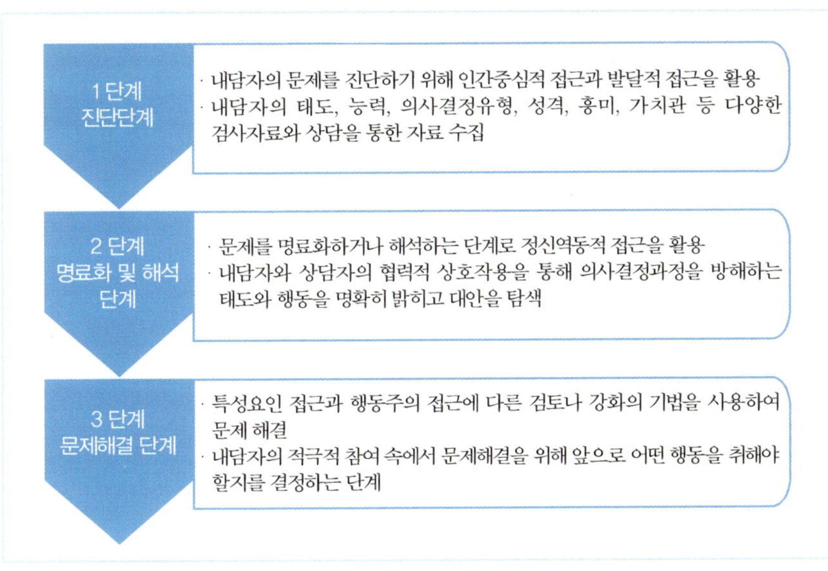

포괄적 진로상담의 과정

(3) 진로상담의 결과

포괄적 진로상담은 변별적이고 역동적인 진단과 명확하고 과학적인 해석, 그리고 문제해결을 위한 도구적 학습을 통해 내담자를 독립적이고 현명한 의사결정자로 만드는 것에 목표를 두고 있다. 진로상담을 통해 진로와 관련된 결정이 가능해지거나 진로결정에 요구되는 적절한 태도와 능력을 학습하게 되면, 삶 전반에서 적응적인 생활을 할 수 있다.

(4) 진로상담의 방법

① 상담기법

포괄적 진로상담은 특성요인 진로상담과 인간중심 진로상담, 행동적 진로상담 등의 방법을 절충하였다. 상담의 초기에는 진단과 탐색이 이루어지게 되므로 발달적 접근과 인간중심 접근이 주로 활용되고 있다. 상담 과정 동안 재진술, 내용과 감정에 대한 반영 등의 반응을 자주 사용하여 문제의 본질과 원인에 대한 토론을 촉진시킨다.

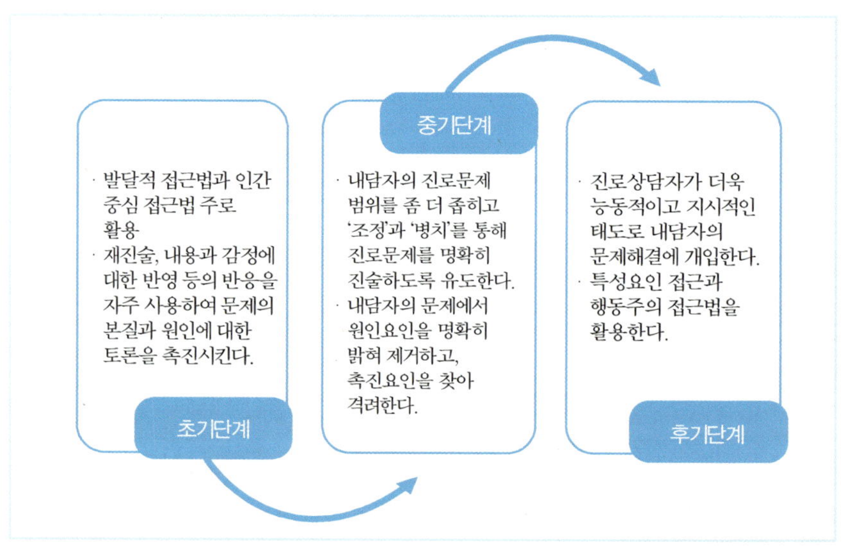

포괄적 진로상담의 단계별 기법

② 심리검사의 활용

포괄적 진로상담에서 검사는 직업에서의 성공을 예측하기 위한 수단으로서뿐만 아니라 진단, 과정, 결과를 통합하여 내담자의 잠재력을 활성화시키기 위한 수단으로 이용된다. 따라서 검사는 매우 중요한 역할을 하게 되며, 주로 진로 성숙검사, 직업 적성검사, 직업 흥미검사 등을 사용하며, 검사의 해석은 포괄적이고 역동적으로 해석하며 상담결과와 상호 보완 된다.

③ 직업정보의 기능

포괄적 진로상담에서는 단순한 우유부단, 무결단성, 비현실적 선택 등 내담자의 문제유형에 따라 직업정보를 다르게 제공한다. 단순한 우유부단의 문제를 가진 내담자에게는 정밀하고 체계적인 직업정보를 제공하여 진로선택에 도움이 되도록 해야 한다. 결단성이 없는 내담자에게는 진로정보 제공이 오히려 불안을 야기할 수 있으므로 불안을 먼저 제거하는 것이 필요하다.

비현실적인 선택을 하는 내담자에게는 특정 직업이 자신에게 맞지 않음에도 불구하고 잘 맞는다고 왜곡해서 보는 경향이 있어 직업세계에 대한 현실 능력을 먼저 키워 준 후에 정보를 제공한다.

2. 일반적 진로상담의 단계와 과정

진로상담은 상담대상의 연령이나 장면에 따라 다양한 방법으로 진행할
수 있다. 진로상담을 시작할 때 내담자의 인지능력을 확인하는 것이
필요하다. 일부의 인지능력 문제들은 상담과정에서 다루어질 수 있겠지만,
인지능력 문제가 심각하고 장기간 지속된 경우에는 내담자를 객관적으로
이해할 수 없기 때문에 진로상담을 진행하기가 어려울 수 있다. 그러나
진로상담을 수행하는 데 인지능력이 적절하다고 판단되면 내담자와의
면담, 심리검사, 각종 사정 도구 등을 활용하여 내담자에 대한 정보수집,
문제에 대한 원인을 탐색하고 가설 세우기, 개입하기, 상담의 목표설정하기,
행동계획 세우기, 평가하기 등의 단계를 거치게 된다.

다음에서 제시된 진로상담의 모든 단계들은 진로상담의 한 회기 중에
일어나기도 하지만, 여러 회기에 걸쳐서 진행되기도 한다.

또한 진로상담의 모든 단계들은 순서대로 진행될 때도 있지만, 상담이
진행되면서 앞의 단계로 다시 돌아가는 상황이 자주 일어난다. 예를 들면
상담의 시작단계에서 정보 수집을 하지만, 행동목표를 정하는 단계에서 다시
정보 수집을 하기도 한다. 진로상담의 과정에서 가장 중요한 점은 모든 단
계에서 상담자와 내담자의 상담협력 관계가 핵심적인 역할을 수행한다는
점이다.

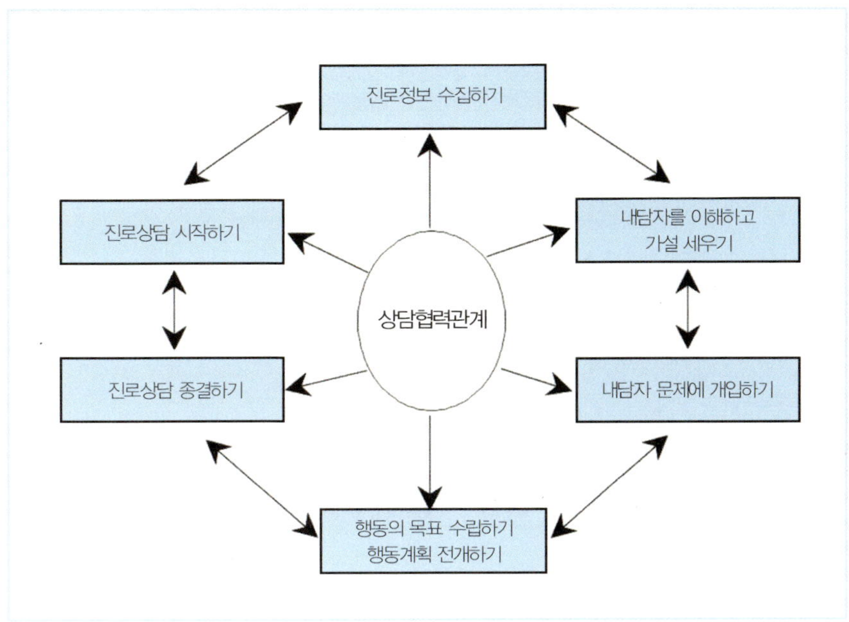

일반적 진로상담의 단계

상담은 내담자와의 관계형성 및 상담의 시작, 문제의 평가, 목표의 설정, 문제의 해결을 위한 개입과정, 훈습, 종결 및 추후 지도 등의 방식으로 진행된다. 진로상담도 이와 유사한 방식으로 진행되며 구체적인 과정을 살펴보면 다음과 같다.

1) 초기 상담

(1) 관계 형성

초기 상담은 다른 상담영역과 마찬가지로 진로상담 과정에서도 매우 중요한 단계이다. 초기 상담에서는 상담준비, 인사 그리고 내담자와의 관계 형성, 상담의 구조화, 평가항목들에 대한 체크리스트 작성, 비밀유지의 한계 설정, 평가사항의 확인, 내담자의 일반적인 사항 확인, 초기 상담의 종결 등을 다루어야 한다.

초기 상담에서 상담자는 내담자에 대한 예비지식을 가져야 하며 내담자의 상담과 관련된 다양한 정서 상태를 고려해야 한다. 대부분의 내담자들은 '상담을 몇 번만 받아도 문제가 좋아지겠지?' 하는 환상이나 기대를 갖거나, '상담을 받으면 나의 문제가 진짜로 해결될 수 있을까? 상담자는 나의 문제에 진심으로 관심을 가져줄까?' 하는 등의 불안한 심정으로 찾아온다. 상담자들 또한 '내가 내담자를 잘 도울 수 있을까? 상담을 망치는 건 아닐까?' 하는 등의 불안을 겪는다. 그러나 상담자가 초기 상담을 효과적으로 진행하기 위해서 내담자의 관심사에 귀를 기울이고 이해하게 되면 내담자와 친밀한 관계가 형성되고 상담을 효과적으로 진행해 나갈 수 있다.

내담자와 친밀한 관계를 형성하기 위해서 상담자는 초기 상담 전에 내담자에 대한 자료를 미리 받아 검토하는 것이 중요하다. 즉, 초기 상담 전에 전화나 인터넷, 메일, 방문 등의 접수관련 기록 자료를 수집하고 숙지해 둘 필요가 있다. 이는 내담자의 기록을 미리 검토하여 상담 회기 중에 시간을 아낄 수 있으며, 내담자들도 같은 내용을 반복하는 등의 수고를 덜 수 있어 상담자가 자신과의 상담을 미리 준비했다고 여겨 상담과 상담자에 대한 신뢰와 만족도가 높아질 수 있다.

(2) 상담의 구조화

상담자는 진로상담의 결과와 상담과정에 대해 내담자와 계약을 설정하게 되는데, 이러한 계약설정을 상담의 구조화라 한다. 내담자는 '상담을 통해 나에게 어떤 변화가 일어날까?'라는 기대를 갖고 찾아온다. 상담을 받으려고 마음먹고 찾아온 대신에 그들 나름대로 상담이 성공적이라면 어떤 변화가 발생될 것이라는 대가를 바란다. 상담자 또한 내담자의 정보를 접하고 만나면서 상담을 성공적으로 이끌기 위해 기대를 갖는다. 상담자의 기대와 내담자의 기대가 어긋나게 되면 진로상담이 효과적으로 종결되기 어렵고, 왜곡될 수 있다. 심지어 내담자에게 부정적인 영향을 미치게 될 수도 있다. 따라서 상담자는 진로상담에 대한 상담자의 기대와 내담자의 기대에 대한 차이점과 유사점을 제대로 파악해야 하고 진로상담이 성공적으로 종결될 때 어떤 변화가 생기면 좋을지에 대해 내담자와 합의해야 한다. 이를 통해 상담과정 동안 상담의 목표에 대해 상담자와 내담자는 일치된 기대감을 갖고 그 차이를 극복해 나가야 한다. 이처럼 상담자는 상담이 성공적으로 진행되기 위해 상담자의 역할을 비롯하여 내담자의 상담에 대한 기대, 상담시간과 회기, 변화를 감당하기 위한 노력, 상담료 지불 등의 내용을 잘 받아들이도록 상담의 구조화를 잘 이끌 수 있어야 한다.

(3) 비밀보장의 한계 설정

초기 상담이 어느 정도 진행되면 비밀 유지의 문제를 다루어야 한다. 상담자는 내담자에게 내담자 자신이나 다른 사람들이 위험에 빠지는 경우를 제외하고는 비밀을 보장한다고 설명해야 한다. 또한, 부득이한 경우에 비밀보장을 깨뜨리게 될 때 내담자에게 동의를 구할 것이라는 점도 알려 준다. 특히 청소년의 경우 부모나 선생님에게 자신의 상담내용이 알려지는 것에 대한 불안감이 크기 때문에 비밀보장에 대한 설명은 필수적이다.

(4) 평가 고려 사항의 확인

상담자는 다양한 방식으로 내담자를 파악할 수 있는데, 접수 면접지와 심리검사를 비롯하여 첫 악수, 시선접촉, 내담자의 옷차림, 말투, 자세 등과 같은 비언어적 행동까지도 평가해야 한다. 초기 상담 시 내담자의 자아 및 능력의 인식 수준을 비롯하여 지능, 적성, 흥미, 가치관, 성격 등의 개인적인 특성, 내담자의 대인관계 기술, 직업능력, 업무습관, 정보탐색 기술, 검사수행 능력, 의사결정 기술 등의 행동적인 특성, 내담자의 진로와 관련된 지식 및 정보습득 능력을 평가해야 한다. 이상과 같은 사항을 평가하기 위해서 상담자는 다음과 같은 세 가지 사항을 명심해야 한다. 첫째, 앞에 제시된 여러 요인들을 평가할 때 상담을 통해야 한다. 둘째, 검사나 각종 사정도구와 같은 다양한 전략들을 활용해야 한다. 셋째, 진로상담자는 심리검사 및 다양한 사정도구의 활용방법을 알아야 할 뿐만 아니라 평가도구의 선택과 평가결과 활용에 있어 내담자를 능동적으로 참여시키는 전략도 가지고 있어야 한다.

(5) 상담비용 등 기타 문제

초기 상담에서 꼭 다루어야 할 일반적 문제들은 상담약속 시간과 장소, 심리검사의 시간과 장소, 상담료와 지불방법, 상담약속의 변경이나 취소 요령 등이다. 이와 같은 일반적인 문제들을 적절하게 처리하게 되면 내담자의 상담목표 달성에 도움이 되지 않는 불필요한 불안을 줄여 주고, 진로상담도 성공적으로 진행될 것이다. 따라서 상담자는 초기 상담이 종결되기 전에 이러한 사항들을 적절하게 다루었는지를 확인할 수 있는 체크리스트를 만들어 점검하는 것도 도움이 된다.

(6) 초기 상담의 종결

초기 상담을 종결할 때 상담료 관련사항을 포함한 일반적 문제를 적절하게 다루었으면 마지막으로 초기 상담 과정에서 다룬 내용에 대한 요약과 과제부여를 한다. 요약은 상담자와 내담자의 상담에 거는 각자의 기대와 역할, 비밀 유지와 관련된 합의내용 등에 대해 다시 한 번 이야기하는 것이다. 예를 들어 "이번 회기에는 ……한 내용을 다루었습니다."라고 이야기하며 상담내용을 정리하는 것이다. 과제는 이미 다룬 내용과 다음 회기에 다루어질 내용을 연결해서 제공한다.

2) 문제의 평가

내담자의 진로문제를 평가하는 방법은 면담, 질문지, 심리검사 등 수없이 많다. 심리검사나 질문지 등을 활용하여 내담자를 평가하는 방법은 본서의 2부에서 제시한 바 있으므로, 참고하기 바란다.

내담자의 문제를 평가하는 과정은 상담자가 내담자의 인지능력, 진로문제, 다른 인생 역할과 직업 간의 상호작용, 그리고 상담관계 내의 문제를 파악하는 역동적인 과정이다. 내담자들은 일반적으로 "나는 어떤 일에 적성이 맞는지 잘 모르겠어요.”, “나는 ○○○이 되고 싶은데, 어떻게 하면 ○○○이 될 수 있을까요?” 등과 같이 드러난 문제를 가지고 상담자를 찾아온다. 내담자가 진로문제로 상담실을 방문하였더라도 평가과정을 통해 최근에 경험한 충격 때문일 수도 있고, 대인관계 문제일 수도 있고, 인지능력의 결여 등의 다른 문제로 인해 진로문제가 발생했을 수도 있다. 상담자는 평가과정을 통해 내담자가 갖고 있는 다양한 문제들이 진로상담 과정 중에 도움을 줄 수 있는 문제인지 별도의 상담이 필요한지, 아니면 지금 당장 진로상담을 진행할 수 없는 문제인지를 파악할 수 있어야 한다.

진로상담에서 평가해야 할 또 다른 중요한 문제는 내담자의 생애역할, 즉 자녀의 역할, 학생의 역할, 시민의 역할, 직업인의 역할 등의 평가이다. 상담자는 이러한 각각의 역할들의 상호작용을 제대로 진단할 수 있어야 한다. 내담자는 다양한 역할을 수행하며 살아가고 있으며, 그 역할들은 서로 상호작용한다. 한 역할이 변화하면 다른 역할도 변화할 수밖에 없다. 특히 진로문제는 내담자의 여러 역할에 밀접한 관련이 있다. 예를 들어 한 개인이 학교를 졸업하고 취업을 하게 되면, 학생의 역할은 없어지지만 직업인의 역할을 수행해야 한다. 학생의 역할과 직업인의 역할은 상당한 차이가 있다. 따라서 상담자는 내담자의 진로결정에 따라서 각각의 역할수행에 긍정적인 영향을 줄 수도 있고 부정적인 영향을 줄 수도 있다는 점을 강조할 필요가 있다. 특히 청소년의 경우 현재 수행하고 있는 역할에만 관심을 두기 때문에 진로결정에 따라 미래에 수행해야 할 잠재적 역할–배우자의 역할, 부모의 역할, 자녀의 역할 등–에 어떠한 영향을 줄지에 대한 점도 상기시켜 줄 필요가 있다.

3) 목표의 설정

목표는 노력의 방향을 결정짓기 위한 길잡이이다. 목표가 불명확하게 되면 상담의 방향이 흐트러지며, 상담의 개입방법을 선택하는 것이 어렵고, 특히 상담의 결과를 평가하는 것이 어렵게 된다. 따라서 목표는 구체적으로, 측정 가능하게, 행동 중심적으로, 실현 가능한 수준으로, 즉시 실천할 수 있도록 설정해야 한다.

진로상담에서 목표는 상담자가 일방적으로 정해 주는 것이 아니라 내담자의 현재 문제를 전반적으로 파악한 후에 내담자의 상담을 효과적으로 이끌기 위해 상담자와 내담자가 함께 설정해 가는 협동적인 과정이다. 이러한 과정은 내담자들이 진로상담을 하는 이유와 방향을 인식하고 상담에 대한 동기를 갖고 적극적으로 참여하도록 돕는다. 또한 적절한 목표설정은 상담실 밖의 일상생활에도 영향을 미치게 된다.

4) 문제해결을 위한 개입

상담자는 상담을 성공적으로 이끌어 가기 위해 내담자가 그들의 목표를 달성하고 문제에 반응하도록 도와야 한다. 이를 위해 상담자는 이론적 근거를 비롯하여 상담기술, 심리 및 행동, 내담자 정보 등을 통해 개입을 시작한다. 적절한 개입을 통해 내담자의 진로목표와 행동계획을 전개하기 위해 내담자가 목표를 성취하고 문제를 해결할 수 있도록 도울 수 있다. 또한, 상담자는 내담자가 진로문제로 느끼는 어려움을 극복하기 위한 구체적인 진로목표와 행동계획을 전개하도록 돕는다.

5) 훈습

훈습은 개입과정의 연장이라 할 수 있으며, 이 단계에서는 내담자가 자기이해를 더욱 공고히 하고 진로탐색과 준비과정을 효율적으로 실천할 수 있는 태도와 정보, 그리고 방법을 재확인하고 점검한다. 필요한 경우 새로운 평가과정을 수행할 수도 있다.

6) 종결과 추수지도

종결 과정에서 상담자는 초기 상담에서 내담자와 합의한 목표를 충분히 달성하였는지를 점검하고 앞으로 부딪힐 문제를 예측하고 대비하도록 돕는다. 이 단계에서 상담자와 내담자는 내담자의 변화에 대한 요약과 평가, 목표달성의 정도 평가, 남아 있는 문제에 대한 예측과 논의, 종결에 대한 내담자의 태도 평가 등의 과제를 수행해야 한다.

추수지도는 상담 후에 내담자가 진로선택과 의사결정에 대해 만족감을 유지하고 있는지를 확인하며, 필요한 경우 그것이 지속되도록 지도하는 것을 말한다. 예를 들면, 진로상담 시 결정한 학과를 선택했는가?, 진로상담 시 결정한 대로 진로준비를 잘 하고 있는가?, 진로상담이 실제 도움이 되었는가?, 의사결정을 실제 생활에서 실천하고 있는가? 등에 대한 내용을 확인한다.

3. 일반적인 진로상담 내용

1) 자기 이해

'토끼와 거북이'

동화에 나오는 토끼와 거북이 이야기에서는 토끼가 교만한 마음으로 잠을 자는 바람에 쉬지 않고 열심히 경주를 한 거북이가 이긴다. 산에서의 토끼와 거북이의 경주는 시작부터 불공평한 경주이다. 그러나 우리 아이가 살아가는 사회에는 이러한 불공평한 경주가 지천으로 널려 있는 것이 사실이다. 산에서의 경주는 토끼가 잠을 자지 않는 한 거북이가 이기기는 극히 드문 일이다. 그러나 물속에서 경주를 한다면 상황은 달라진다. 토끼는 수영을 할 수 없기 때문에 물속에 들어간다는 것만으로도 이기기는커녕 생사가 위태롭다. 반면 거북이는 사정이 다르다. 쉬엄쉬엄 헤엄을 쳐도 여유롭다. 여기에서 자신이 토끼인지 거북이인지를 아는 것이 중요하다. 토끼라면 육지나 산으로 가야 하고, 거북이라면 물가나 물속으로 가야 할 것이다. 그런데 토끼인 아이가 만약 운이 좋아 산으로 갔다면 다행인데, 운이 좋지 않아 바다로 가게 되었다면 성공은커녕 하루하루의 삶이 불행할 것이다.

파슨스(1990)는 올바른 진로결정을 위한 첫 번째 요소로 정확한 자기 이해 를 들었다. 자기 이해는 진로상담에서 가장 중요한 목표이기도 하다. 작업의 종류에 따라 요구되는 능력과 적성, 기능, 역할 등이 다양하므로 자기에게 맞는 일과 직업을 선택하기 위해서는 무엇보다도 자기의 가치관, 능력, 성격, 적성, 흥미, 신체적 특성 등에 대하여 올바르게 이해하는 것이 필수적이다.

자신이 토끼인지 거북인지를 제대로 이해하지 못한다면 토끼인데 바다로 가거나 거북인데 산꼭대기로 가서 이유도 모른 채 힘들어하며 살아갈지도 모른다. 자신이 토끼인지 거북인지를 분명하게 이해하고 있어야 가야 할 방향을 현명하게 결정할 수 있다. 진로상담자는 청소년이 자기 이해를 통해 수집된 정보를 토대로 그 정보와 일치하는 진로대안들과 조화시킬 수 있도록 도와주어야 한다. 자신이 선택한 직업에 흥미가 있다면 삶의 만족도를 높여 줄 수 있을 것이고 자신의 타고난 능력과 재능을 최대한 발휘한다면 성취 또한 최대화될 수 있을 것이다. 그러나 자신의 흥미, 성격, 적성, 가치관, 신체조건 등에 적합한 직업을 찾았다고 하더라도 그 직업 속에서 성공이나 만족을 보장해 주는 것은 아니다.

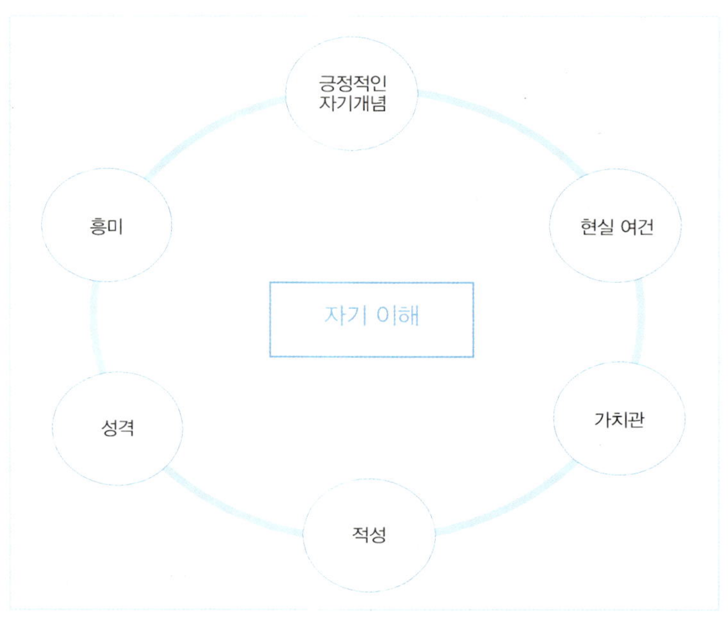

자기 이해의 탐색

2) 직업세계 이해

자기 이해를 통해서 자기가 토끼라는 사실을 알았다면 산으로 가야 하고, 되도록 바다로 가서는 안 된다는 것을 알게 된다. 그러나 어디가 산이고, 어디가 바다인지를 알고, 또 가는 방법을 알아야 제대로 갈 수 있다. 산이나 바다에 대한 정보가 전혀 없다면 가야 할 목적지가 있어도 갈 수가 없는 것이다. 진로상담에서 자기 이해만큼 중요한 목표가 직업세계 이해라고 할 수 있다.

최근 직업세계는 더욱 복잡하고 다양하게 변화되고 있다. 자신에게 적합한 직업이나 진로를 선택하기 위해서는 여러 번의 의사결정 과정을 거쳐야 한다. 그리고 합리적인 의사결정을 위해서는 자기 스스로에 대한 충분한 이해와 다양한 직업정보 탐색이 필요하다. 신뢰로운 직업정보는 최상의 선택에 도움을 주므로 청소년들이 수많은 정보 가운데 필요한 정보를 적절히 활 용하도록 돕는 것이 중요하다.

본 절에서는 직업세계를 구체적으로 이해할 수 있도록 다양한 직업정보 수집방법, 제공처, 활용방법 등을 제시하고 진로상담에서 유용하게 사용할 수 있는 활동들을 소개하고자 한다.

(1) 직업정보 수집

직업정보란 직업의 특성, 하는 일, 요구되는 능력이나 적성, 필요한 자격 및 훈련, 업무환경, 교육과정, 향후 전망 등의 직업에 대한 세부사항을 비롯한 노동시장 정보를 말한다. 진로상담자는 청소년들이 관심을 갖고 있는 직업에 대해 다양한 방법으로 직업정보를 얻도록 도와야 한다. 다음은 청소년들이 직업정보를 수집할 수 있는 방법으로 인터넷 검색, 도서관이나 서적, 신문·방송, 주변사람들의 조언 등이 있다. 직업정보를 얻을 수 있는 가장 보편적인 방법은 인터넷 포털사이트를 통한 검색방법이다. 그러나 인터넷에서 검색되는 정보는 객관성이나 신뢰성이 확보된 것이 아니기 때문에 활용에 주의해야 한다. 국가나 연구기관에서 운영하고 있는 직업정보 제공 사이트를 활용하면 보다 신뢰롭고 다양한 정보를 얻을 수 있다. 직업정보서는 도서관이나 서점을 통해 정보를 얻을 수 있다. 도서로 발간되는 직업정보서는 출간 즉시 읽더라도 최소 3개월 이전의 자료이므로 정보를 활용할 때는 먼저 발간시기를 살펴보는 것이 좋다. 신문이나 방송에서 청소년 진로와 관련한 다양한 정보가 제공되고 있다. 또한, 부모, 교사, 친구, 친인척 등 주변사람들에게 직업에 대한 생생한 경험담과 조언을 들을 수 있다. 그러나 다른 정보에 비해 개인적 정보에 치중되어 있으면, 개인의 경험에 대한 질과 양의 차이, 주관적 해석 등으로 인해 자신에게 적합한 정보를 가려내기가 어려울 수 있다. 같은 분야에 대해 되도록 다양한 사람을 만나 보는 것이 좋으며, 성공경험뿐만 아니라 실패경험도 들어 보는 것이 좋다.

(2) 직업정보 활용방법

진로상담에서 직업정보 제공은 다양한 직업을 알려 주고 탐색하도록 하며, 여러 가지 직업들 중에서 관심분야를 조금씩 좁혀 가면서 원하는 직업을 결정할 수 있도록 도와주는 것이어야 한다. 한두 가지의 관심직업만을 알고 있는 청소년과 다양한 직업에 대해 알고 있는 청소년은 직업선택의 폭과 질에 차이가 있을 수밖에 없다. 앞으로 해야 할 학과선택, 대학선택, 직업선택을 위해서 자신에게 적합한 직업대안을 충분히 마련하는 것이 중요하다. 그러기 위해서는 주변에서 쉽게 볼 수 있는 직업뿐만 아니라, 신생 직업 및 이색 직업, 유망 직업 등 다양한 직업에 대해 관심을 기울이도록 하는 것이 좋다. 또한 청소년 자신에게 적합한 직업대안을 다양하게 준비할 수 있도록 직업탐색의 기회를 자주 마련해 주어야 한다. 사회 환경 및 정보통신 기술의 발달로 직업세계는 빠르게 변하고 있다. 직업정보 제공에서도 정보의 최신성과 정확성이 중요해지고 있다. 아무리 유용한 정보라도 목적에 맞지 않는 정보라면 활용가치가 낮다. 따라서 청소년에게 직업정보를 제공할 때 앞에서 언급한 사항들을 유념해야 한다.

3) 진로의사결정

진로상담에서 얻고자 하는 최종 결과는 '진로결정'이다. 앞서 언급한 자기 이해와 직업세계 이해를 토대로 최종적으로 합리적인 진로의사결정을 해야 한다. 훌륭한 능력과 정확한 정보를 가지고 있다 하더라도 합리적인 의사결정을 할 수 있는 능력을 갖추지 못한다면 올바른 진로결정을 하기 어려울 것이다. 따라서 진로상담에서 청소년들의 진로에 관한 의사결정 과정에 초점을 두고 의사결정 기술의 증진을 중요한 목표로 삼아야 한다. 상담자는 합리적 의사결정을 위해서 주어진 상황을 정확하게 파악해야 하며, 객관적이고 구체적인 정보에 근거하여 결정을 내려야 한다. 상담자는 청소년에게 진로결정에서 어떤 선택을 하건 후회는 있을 수 있다는 점을 꼭 상기시켜 주어야 한다. 따라서 진로결정을 한 이후에도 자신의 결정에 대한 평가를 재검토하는 과정은 꼭 필요하다.

(1) 합리적인 진로의사결정 과정

Peterson, Sampson & Reardon(1991)은 진로문제 해결이란 이상적 상태와 현재 상태 간의 차이를 줄이는 것이라고 하였다. 즉, 진로의사결정 과정은 자신의 포부나 기대와 자신의 개인적 특성이나 현실 여건 등의 차이를 줄여 가는 과정이다. 진로의사결정은 해결책을 실행에 옮기기 위한 정의적·인지적·심리적 과정들이 활용하는 것이다. 진로발달 과정은 곧 일련의 진로의사결정 과정이라 할 수 있으며, 일 외에 보다 다양한 삶의 영역에서의 의사결정 과정은 생애발달이라 할 수 있다.

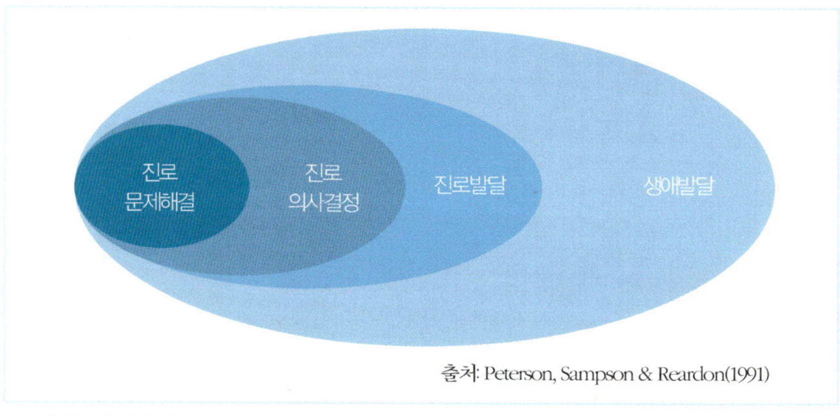

출처: Peterson, Sampson & Reardon(1991)

진로선택 과정의 단계

진로문제를 해결하는 과정은 애매모호한 단서들을 하나하나 맞추어 가며 의사결정을 해 나가는 과정이다. 완벽한 진로결정은 있을 수 없으며, 진로결정은 또 다른 문제를 야기하기도 하고 불확실하기도 하다. 결국 진로결정은 걸림돌을 최소화하고 강점을 최대화하는 노력의 결과라고 할 수 있다.

진로의사결정 과정은 자신과 직업에 대한 이해를 기초로 그 정보들을 처리하는 과정이다. 이러한 과정은 평가하고 통제하는 단계로 구성된다. Peterson, Sampson & Reardon(1991)은 진로의사결정 과정을 CASVE(의사소통–Communication, 분석–Analysis, 종합–Synthesis, 가치–Valuing, 집행–Execution)의 5단계 과정으로 구분하였으며 이러한 과정은 반복적으로 순환하는 형태라고 하였다.

CASVE의 5단계를 구체적으로 살펴보면 다음과 같다. 첫 번째는 의사소통 단계로 문제를 인식하는 단계이다. 이 단계에서는 문제 사안에 대한 현재 상태와 원하는 상태 간의 차이를 인식한다. 즉, 자신과 환경에 관한 문제를 인식한다. 두 번째는 분석 단계로 문제의 요소들을 관련시키는 단계이다. 이 단계에서는 문제를 둘러싸고 있는 여러 요소 간의 관련성을 인식하게 된다.

문제의 원인을 진단하기 위해서 새로운 정보를 얻거나 현재의 정보를 명확하게 한다. 세 번째는 종합 단계로 가능한 대안들을 도출하는 단계이다. 이 단계에서는 문제 해결을 위해 고려하는 대안을 확장시킨 후 다시 축소시킨다. 즉, 문제 해결을 위한 대안을 도출하고 실행가능성에 중점을 두어 가능성 있는 대안으로 축소한다. 이 단계에서 고려해야 할 사항은 과제수행에 대한 자신감과 자기만족, 현실가능성 등이다. 네 번째는 평가 단계로 대안들의 우선순위를 매기는 단계이다. 이 단계에서는 대안들에 대해 자신과 중요한 타인, 소속된 문화집단, 지역 혹은 사회와 관련하여 손익을 평가한다. 이때 첫 번째 선택을 하게 되고, 이 선택이 잠정적임을 인지한다. 이 단계에서 고려해야 할 사항은 개인적인 요인과 자기만족 요인, 현실가능성 등이다. 다섯 번째는 집행 단계로 구체적인 실행목적을 세우고 실천하는 단계이다. 이 단계에서는 자신의 잠정적인 선택을 실행하기 위한 계획을 구상하고 실천한다. 즉, 실행계획을 집행한 후에는 내담자가 현재의 상태와 원하는 상태의 차이를 확인하는 의사소통 단계로 재순환된다.

4. 진로상담에서 활용할 수 있는 치료적 매체

1) 모래놀이 치료

모래놀이 치료는 유아부터 아동, 청소년, 성인 내담자까지 전 연령대에 유용하게 사용하는 매체를 활용한 치료적 접근이다. 규격화되어 있는 모 래상자 안에 모래, 물, 일상생활을 나타내는 것뿐만 아니라 심층적 내면의 수준을 표현할 수 있는 다양한 소품들을 이용하여 3차원적이고 추상적이며 자발적인 모래그림을 만드는 과정을 이용하는 것이다. 이 과정에서 내담자는 치료자의 도움으로 자신의 내부 세계를 만나게 되고 자신도 알 수 없었던 감정과 삶의 양식 등을 이해하고 치유해 가는 과정을 경험하게 된다. 즉, 모래상자 작업 과정은 내담자의 독특한 정신 내적 현실과 외부 세계의 현실을 이어 주며, 무의식적이고 비언어적인 것을 의식적이고 언어적인 측면과 연결해 준다.

　모래놀이 치료는 다음과 같은 특징들을 가지고 있어 아동, 청소년 내담자들에게 적용할 수 있는 이점이 있다.

　첫째, 어색하고 방어적인 상담 초기에 효과적인 라포 형성에 도움을 주는 매개체로 활용할 수 있다. 대화나 평가지와 같은 것이 아닌 자연스러운 모래놀이 과정에서 자신의 세계(world)를 만들어 내고 치료자와 감정과 경험을 나누는 과정은 내담자가 상담자로부터 친밀해지고 신뢰하는 심리적 흐름을 촉진하게 된다.

　둘째, 소품들의 사용으로 흥미를 불러일으킬 수 있다. 모래상자에서 사용되는 소품들은 친근한 것들이며 자신의 갈등을 상징적으로 투사할 수 있는 것들이다. 이러한 소품뿐 아니라 소품들로 만들어진 모래 세계 역시 내담자 스스로 자신이 표현한 것들을 보게 함으로써 반작용적인 자극을 받게 한다.

　셋째, 모래와 물을 사용하므로 촉감을 이용할 수 있다. 모래는 굵기와 재질에 따라 다른 감촉을 가지고 있고 물 역시 촉각적인 감정을 연상시키고 불러일으킬 수 있으므로 모래놀이치료는 내담자의 정서반응에 보다 효과적으로 적용 가능하다.

　넷째, 자신의 문제를 언어로 드러내기 힘들어하는 아동 청소년들에게 적용할 수 있다. 반항이나 수줍음 등의 심리적인 문제를 지녔거나, 혹은 의식화되지 않아 모호하고 애매한 혼란스러운 감정들을 갖고 있는 청소년 내담자들의 문제에 대하여, 모래놀이 작업은 언어로 나타낼 수 없는 생각들을 모래 위에 이미지로 표현하게 한다.

다음의 사진은 아버지의 반대로 유학의 꿈을 잃고 방황하는 한 청소년이 진로상담 초기에 자신의 정서적 갈등을 풀어내는 과정에서 꾸민 장면이다. 그는 모래에서 부모와의 심리적 갈등과 진로 좌절로 인해 부모·자녀 관계가 악화된 상태를 표현하였다. 부모와 자신의 상황에 대해 모래에 꾸미고 치료자와 공유하고 공감받는 과정에서 안전하게 부정적 감정을 표현하고 정서적 응어리를 해소해 갔다. 처음 그는 좌절되었던 유학 상황에서 비행기에 자신의 꿈과 포부를 전이하고 비행기의 이륙을 막고 있는 경찰(통제자)을 부모에 비유하여 표현하며 자신과 아버지 관계에 대해 통찰하는 작업을 이루어 나갔다. 회기 끝에서는 비행기의 모습을 통해 꿈을 향해 나아가고자 하는 자신의 부푼 가슴을 표현하며 진로와 미래에 대한 동기와 실천의지를 일

① 도망치기 위해 타고 싶었던 비행기
② 통제자가 저지하여 떠나지 못하는 비행기
③ 경찰(통제자)과 합의하에 이륙 준비하는, 이제는 떠날 수 있는 비행기

깨웠다. 그리고 그 좌절로 인한 분노로 부모와의 부정적 관계와 무기력하고 혼란스러워하는 자신의 모습에 대해 통찰하게 되었다. 더 나아가 통제력을 행사하는 사람(경찰, 부모)으로부터 느끼는 다양한 감정과 그로부터 자유로워지기 위해 어떻게 생각하고 행동해야 할 것인지에 대해서도 고민을 시작하게 되었다. 그리고 자신이 원하는 길을 선택하여 나아가기 위해 무엇을 할 것인가에 대해 방법을 치료자와 이야기하였다.

진로상담에서 모래놀이 치료는 정서적 어려움을 해소하기 위해 초기 과정에서 활용할 수 있다. 또한 모래놀이 치료의 정서적 힘을 활용해 자기 통찰 능력을 키워 주고 정서적 해소를 도와 진로상담에 앞서 삶에 대한 동기나 태도 변화를 일으킬 수 있다.

또한 진로상담의 초기 과정에서 중요한 내용인 자기 이해를 돕기 위해 매우 유용하다. 모래상자에 해결되지 않는 내면의 어려움, 불안, 혼란한 감정과 생각 등을 표현하고 상담자와 함께 명료화하고 통찰해 가는 과정은 기존의 질문지나 진로와 관련한 자기 이해 작업보다 더 무의식적이고 내면 아래의 숨어 있는 어려움들을 끌어낼 수 있을 것이다.

이뿐만 아니라 자기상, 가족구조와 관계, 또래 관계와 학교에서의 어려움 등을 모래상자에 꾸미고 치료자와 갈등과 어려움을 찾아가는 과정은 진로 결정에 방해가 되는 요소를 찾아 제거하여 내담자가 진정한 자신의 내면의 목소리를 듣고 진로를 선택하는 데 필요한 치료적 과정이 될 것이다.

2) 게임놀이 치료

보드 게임은 만 6세 이상의 아동, 청소년, 성인들에게 각광을 받고 있는 놀이도구이다. 대형마트나 인터넷 사이트에서 쉽게 구할 수 있고 그 방법과 목표도 다양하여 친구와 가족과 함께 여가 시간을 보내는 데 유용하게 사용할 수 있는 도구이다. 이러한 게임도구가 심리치료에서도 사용되고 있다. 그 이유는 이 도구들이 아동과 청소년들에게 단순히 재미만 제공하는 것이 아니라 많은 치료적 요소가 숨어 있기 때문이다. 청소년들이 친구들이나 부모와 함께 보드게임을 하면서 재미와 규칙을 익히며 자신을 조절하는 경험을 할 수도 있다. 그러나 보다 안전하고 효과적으로 게임놀이 치료가 진행되려면 치료실 환경에서 기존의 보드게임을 치료적 매체로 활용하거나 아예 치료적으로 고안된 도구를 치료과정에서 활용하는 것이 좋다. 게임놀이 치료에 대한 이론적 지식과 임상적 훈련을 경험한 치료자들과의 작업은 치료실 밖에서의 게임놀이와는 다른 치료적 기술과 치료과정을 가능하게 한다.

게임은 놀이와는 달리 규칙이 있고 형식이 있으며 조직화된 형태를 지니고 있다. 게임은 아동과 청소년의 조절과 통제를 연습할 수 있는 규칙을 포함하고 그 안에서 아동들은 자신의 역할과 행동을 제한받기도 한다. 또한 경쟁은 게임의 중요한 기본 요소로 누가 이기는가가 중요시되어 아이들의 참여와 동기유발이 촉진되며 도전하게 한다. 즉, 아동과 청소년 내담자와 게임을 할 때는 정서적인 통제 경험을 더 많이 하게 되고 지적인 발달, 사회적 기술이 더 요구되며 실제 그들이 삶에서 일어나는 다양한 에피소드들을 경험 하게 한다. 게임놀이 치료는 게임이 지니는 이러한 다양한 속성을 활용 하여 아동과

청소년의 심리적 어려움을 해결하고 행동적 교정과 변화를 일으킬 수 있는
방법이다.

(1) 진로상담에서 게임놀이 치료의 활용

청소년들이 많이 하는 보드게임은 진로상담의 초기에 상담자와의 관
계형성이나 상담에 대한 흥미를 높이기 위해 매우 유용하게 사용될 수 있다.
게임은 어색한 상담실 분위기를 이완하고 청소년 내담자의 방어를 줄이는
데에도 도움이 될 뿐만 아니라 치료자와의 친밀감 형성을 도와 진로상담에
대한 동기를 높일 수 있다는 장점이 있다.

특히 게임에서 직업 체험하기와 직업에 대한 의식과 포부, 직업관 형성과
세계관 확장과 같은 특정 목적을 가지고 고안된 게임들을 직접 적용하기도
한다. 게임 속에서 직업의 세계에 대한 간접경험은 현실에서의 시행착오를
줄이도록 돕고 자신감을 높여 줄 것이다. 그 밖에 기존의 게임들도 치료자의
아이디어와 활용방식에 따라 진로상담 과정에서 이용할 수 있다. 다음은 게
임놀이 치료에서 활용하는 게임들이 진로상담 영역에서 어떻게 이용될 수
있을지에 대해 설명하겠다.

① 신체게임

신체게임은 상담자와 내담자 간의 관계를 촉진하기 위해 재미를 활용한
게임으로 신체적, 정서적 이완을 목적으로 사용할 수도 있다. 자신의 욕구와
진로를 탐색하는 과정은 많은 에너지와 연속적인 동기가 필요하고 치료자에
대한 친밀감과 신뢰가 필요하다. 신체게임은 이런 과정에서 상담과정을

지속하고 촉진하는 데 효과를 발휘할 수 있을 것이다.

② 전략게임

전략게임은 인지적 수준을 평가해 볼 수 있는 장점이 있을 뿐만 아니라 진로를 결정하고 탐색해 가는 데 필요한 다양한 사회적 능력을 키워 주는 요소가 숨어 있다. 또한 전략게임은 인간이 목표를 향해 나아갈 때 사용할 수 있는 생각, 판단, 융통성, 대처, 문제해결력, 예측능력, 조절력 등의 다양한 능력을 활용하고 발달시킬 수 있는 장점이 있다. 특히 사회에서 일어날 수 있는 다양한 사건들이 게임 속의 내용으로 나타날 때, 내담자는 게임을 통해 사회의 작은 일면을 경험하고 그 속에서 직접 성공과 실패, 시도를 경험하게 된다.

게임의 종류

부루마블, 모노폴리, 인생게임 등은 직업에 대한 것뿐만 아니라 삶과 경제에 대한 지식과 판단, 시각을 키울 수 있다는 점에서도 사회화의 중요한 요소가 숨어 있다. 체커와 바둑은 나아갈 때와 물러날 때를, 윷놀이나 주사위를 활용해 전략게임을 혼합한 우연게임 등은 자신에게 주어진 다양하고 예측할 수 없는 자원을 통해 어떻게 최대의 효과와 목표를 빨리 이룰 수 있는지에 대해 연습할 수 있는 좋은 기회가 된다.

③ 대화게임

대화게임은 게임이라는 매체를 도구로 하되, 내담자의 이야기를 촉진하고 구조적으로 준비된 내용에 대해 집중적으로 파고들 수 있는 장점이 있다. 주로 게임내용 안에 진로와 관련된 심리적 문제를 주제화하거나 내용으로 삽입하여 진로상담에서 필요한 내용을 적재적소에서 다룰 수도 있을 것이다. 생각, 감정, 행동 게임의 방식에 진로에 대한 생각과 감정, 행동에 대한 문장을 삽입하여 응용할 수도 있고, 게임 속의 이야기를 통해 다양한 장면에서 진로와 관련된 영감, 행동, 갈등, 불안, 걱정, 두려움, 공포에 대해 알고 해결점을 찾아가는 방법으로 진로상담에 활용 가능할 것이다.

④ 직업카드 게임에 활용하기

직업카드는 카드를 분류하면서 직업흥미를 알아보기 위해 만들어진 카드이다. 여기에서는 직업카드를 가지고 여러 가지 게임으로 활용할 수 있는 방법을 몇 가지 제시하고자 한다.

빙고게임으로 활용할 수 있다. A4용지에 5×5개의 선을 그어 25개의 칸을 만든 후 빙고판을 만든다. 직업카드를 보고 직업명을 골라 적은 후 서로 번갈아 가면서 직업 명칭을 말하는 방식으로 빙고게임을 하면 된다. 이때 직업카드를 빙고판에 직접 엎어 두고 직업명을 말한 후 직업카드를 뒤집어 놓는 방법으로 게임을 하면 좀 더 생생하게 게임을 진행할 수 있다. 게임을 통해 다양한 직업에 대해 관심을 갖게 되고 알게 되는 장점이 있다.

또, 스피드게임이나 동작게임 형식으로 진행해 볼 수도 있다. 직업에 대한 설명을 한 후 직업명을 알아맞히거나, 동작으로만 설명하고 알아맞히는 방법을 통해 생동감 있게 진행할 수 있다.

5. 구조화된 단기 진로상담

요즈음 많은 청소년들은 학업에 대한 압박으로 늘 시간에 쫓기는 생활을 하고 있다. 심리적인 어려움으로 상담센터를 찾는 아이들도 오고 가는 데 드는 시간에 대해 많은 부담을 느끼며, 결국 이를 상담을 지속할 수 없는 이유로 댄다. 그러나 상담이 중단되거나 시간에 대한 압박감으로 상담을 시작조차 못한 청소년들에게 현실적인 대안이 필요하다. 일정 시간을 정해 놓고, 또는 방학을 이용하여 청소년들이 정해진 회기 내에서 단기적으로 진로결정 과정을 경험할 수 있다면 청소년들의 상담 동기와 참여율이 높아질 것이다. 또는 정서적 어려움으로 내원하여 일반심리상담 기간을 종결할 때 즈음하여, 상담의 목표를 진로상담으로 변경하고자 하는 경우, 남은 회기를 구조화하여 단기 구조화된 진로상담을 시도해 볼 수 있다. 다음의 구조화된 단기 진로상담 프로그램은 위에서 소개한 경우들에 적용 가능하다. 다음은 강진구(2005)가 소개한 단기 상담과정의 4단계를 기반으로 앞부분에서 소개한 진로상담내용을 접목하여 재구성한 것이다.

4단계를 기본 구조로 하여 앞에서 소개한 바와 같이 일반적으로 진로상담은 일반상담과 유사하게 관계 형성 및 문제의 평가, 목표의 설정, 문제의 해결을 위한 개입과정, 훈습, 종결 등의 진행과정과 자기 이해, 직업에 대한 이해, 그리고 진로의사결정 과정의 내용 구성을 포함하여 다음과 같은 프로그램을 활용해 볼 수 있을 것이다.

표 10 구조화된 단기 진로상담

단계	특징	핵심기술	활용가능매체	제안 회기 (중복회기 有)
시작단계	상담자 소개 상담구조화 문제의 평가 상담목표 설정	관심 기울이기 공감	언어상담 평가도구 간단한 게임도구	1-2
준비단계	신뢰관계 형성 진로발달 수준 및 진로성숙도 평가 인지적 명확성 사정	공감 자기노출 과제부과	언어상담 평가도구 모래놀이 치료 게임놀이 치료 관련도서, 영화, 동영상	2-3(5)
작업단계	자기 이해 직업 이해 진로의사결정 진로계획 세우기	공감 자기노출 직면 설명(정보제공) 과제부과	언어상담 평가도구 모래놀이 치료 게임놀이 치료 관련도서(직업사전 등) 영화, 동영상	3-6(7)

| 종결단계 | 상담경험의 개관과 요약
진로에 대한 의식과 태도
직업가치관의 변화에 대한 평가
미진사항 다루기 | 요약과 피드백 | 언어상담
사정 및 평가도구 | 7–8 |

6. 문제유형별 진로결정 도움주기 상담

다음은 Sampson, Peterson, Reardeon(1992)가 분류한 내담자들의 네 가지 진로결정 유형에 따라 어떻게 도울 것인가에 대한 내용이다.

1) 진로결정자 유형

첫째, 진로결정을 재확인하고 구체적인 직업탐색을 할 수 있도록 한다.

이 유형의 내담자들은 무엇보다 진로결정을 구체적으로 준비할 수 있도록 현장견학이나 실습의 기회를 가지게 한다. 이뿐만 아니라 자신이 결정한 목표를 향하여 더 치밀하게 정보를 수집하고 구체적인 실천방안을 모색하게 한다. 상담자는 정보를 수집하는 효과적인 방법과 정보를 정리해 가는 방법을 안내할 수 있다.

둘째, 심리적 어려움을 해소하고 자원을 일깨운다. 이들은 진로결정 과정에 따르는 불안이 높기 때문에, 결정 결과를 가지고 자신 있게 나아갈 수 있도록 자신감을 향상시키는 개입이 필요하다. 또한 내담자가 가지고 있는 끈기나 인내, 신중함, 행동추구, 적극성 등을 발견해 잠재된 능력을 개발해 효과적으로 진로에 적용할 수 있도록 조력한다.

셋째, 문제 해결을 돕는다. 내담자들이 결정된 진로를 실천하는 과정에서 부딪치는 문제들에 대해 어려움을 호소하기도 한다. 이러한 문제해결을 위해 상담자는 조력자 역할을 하며 문제해결 단기 상담적인 접근을 시도해 볼 수도 있다.

넷째, 계획과 목표를 효과적으로 실행하도록 돕는다. 내담자들이 계획한 내용이나 목표를 달성하기 위해 어떻게 노력하고 이루어갈 수 있는지에 대해 논의하고 다양한 가능한 방법을 다양하게 알아오게 하거나 알려 준다. 무엇보다 그것들을 실천할 수 있도록 내담자와 함께 논의하고 점검해 간다. 내담자의 실행의지와 실천 행동에 대한 지지와 격려는 놓치지 않는다.

2) 진로미결정자 유형

첫째, 진로미결정 원인을 파악한다.

진로를 결정하지 못하는 것이 단순한 정보의 부족인지, 심층적인 심리적 문제인지를 확인한다. 진로 탐색을 하기 위한 환경이 결핍되었는지, 진로에 대한 의지나 욕구가 부족한지, 그 아래 내면에 우울과 불안, 낮은 자아상과 같은 심리적 문제가 깔려 있는지 등에 대해 원인을 파악한다.

둘째, 심리적 문제를 해결하기 위한 개인 상담을 수행한다.

심리내적으로 어려움이 있다면 체계적인 개인상담을 수행하는 것이 필요하다. 자율성과 독립성의 부재, 진로결정을 방해하는 부모·자녀 관계 갈등, 정서적 문제, 문제해결력의 결핍 등의 문제를 파악하여 치료한다.

셋째, 진로를 찾기 위한 자기 이해 과정을 거친다.

심리 내적 어려움이 어느 정도 해결되었다면 내담자의 자기 이해를 돕는다. 다양한 평가 및 사정도구를 활용하여 내담자가 자신을 이해하고 직업의 세계로 나아갈 준비를 돕는다. 자신의 흥미나 적성 등에 대한 정보를 많이 탐색하여 인식하게 된다면 다음 단계에서의 직업에 대한 탐색과정에서 자신과 부합되는 직업을 찾는 과정이 수월해진다.

넷째, 직업의 세계를 탐색하도록 한다.

다양한 직업세계에 대한 정보를 얻고 이를 바탕으로 결정의 범위를 점점 좁히고 스스로 진로를 결정할 수 있도록 조력한다. 진로를 결정해야 하는 이유와 자신의 능력과 꿈을 일깨워 줌으로써 진로의사결정을 할 수 있도록 준비시킨다.

다섯째, 진로의사결정 과정을 함께 수행해 간다.

자기에 대한 정보와 이해, 직업에 대한 정보를 얻었다면 이제 합리적인 방법으로 의사결정 해 가는 과정이 남아 있다. 이 단계에서 내담자가 어려움을 보이거나 지나치게 많은 분야에 관심을 가지고 있을 때는 의사결정 과정에 대해 치료자와 문제를 파악하고 기술을 익히도록 돕는다.

3) 우유부단형

첫째, 우유부단한 행동의 개선을 중점적으로 다룬다.

이 유형의 내담자는 상담자가 많은 정보를 제공해도 도움을 받지 못하고 오히려 심리적으로 더 큰 어려움을 호소한다. 자신에 대한 부정적인 인식과 지각 수준이 높아 결정에 어려움이 있다면 자기에 대한 부정적인 지각을 긍정화하도록 상담에서 중점적으로 다룬다.

둘째, 문제 해결방법 수정을 중점적으로 다룬다.

이 유형의 내담자들은 의사결정 과정에 있어 취약한 특성을 보인다. 의사결정 과정에 대한 기술을 익히고 상담자와의 관계에서 그러한 특성을 개선해 가도록 초점을 맞춘다. 특히 상담자와의 관계에서 이루어진 적극적인 의사결정자로서의 경험이 외부에서도 이루어질 수 있도록 훈습과정을 충분히 거치는 것이 필요하다.

4) 회피형

이 유형의 내담자는 비구조화된 개입을 하면 회피적 행동을 일관하며 상담에 진전이 없을 가능성이 높다. 따라서 상담자는 내담자가 문제를 직면할 수 있도록 구조화된 개입방법을 사용하는 것이 필요하다.

이들에게도 진로결정을 피하는 행동과 관련된 심리적 장애들이 있을 수 있다. 우울증이나 낮은 자아개념 등을 다루기 위한 개별 심리상담이 도움이 될 것이다. 또한 상담자는 이 유형의 내담자와의 작업에서 직접 진로계획을 세우고 함께 실천해 가는 과정을 구체적으로 도와주어 더 이상 문제를 회피하지 않도록 적극적으로 개입할 필요가 있다.

7. 집단 진로상담 프로그램

청소년 집단 진로상담 프로그램의 진행방식과 절차는 일반 집단 상담프로그램과 다르지 않으며, 일반적으로 구조화된 집단상담으로 진행된다. 집단을 구성할 때에는 초등학생을 대상으로 진행할 때에는 동성집단으로 운영하고, 중학생 이상의 청소년을 대상으로 진행할 때에는 혼성집단으로 운영하는 것이 더 유리하기도 하다. 집단의 크기가 너무 작으면 역동적인 집단 경험을 하지 못하고, 너무 크면 집단원들에 의해 집단의 목적이 압도될 수도 있다. 청소년 집단 진로상담 프로그램으로 적절한 크기는 집단원 6~8명 정도가 좋다. 프로그램이 시작되면 집단원을 더 이상 받지 않는 것이 좋다. 청소년 집단 진로상담프로그램의 예로 박진숙(2011)이 개발한 '인지적 정보처리 접근 진로 집단 상담프로그램'의 구성내용을 소개하면 다음과 같다.

표 11 인지적 정보처리 접근 집단 진로상담 프로그램의 구성내용(박진숙, 2011)

회기	단계	영역	주제	내용	구성요소		대상
					진로발달 증진 요소	진로-인지 수정 요소	
1	도입 I	지식	프로그램 안내 및 자기소개를 통한 자기 탐색 기초 형성하기	·집단소개 ·프로그램 안내하기 ·집단 참가의 동기와 기대 파악하기	·프로그램 안내 ·자기탐색 기초 형성	·진로-인지의 탐색방법 훈련	학생

2	도입 II	지식	나의 고쳐야 할 생각, 느낌 그리고 행동	·진로발달에 있어 진로 인지의 중 요성 이해하기 ·실제 상황에서 진로–인지 경험 나누기	·진로인지의 탐색을 통한 자기탐색 기초 형성	·진로–인지의 수정 방법 훈련	학생
3	자기탐색 I	지식	소중한 나를 찾아서	·지금 나의 모습 살펴보기 ·나의 성격과 흥미 알아보기	·성향적 자기 특성 탐색 및 수용	·역기능적 진로 사고 다루기 ·자기명확성 ·타인열등감 ·정보탐색 ·회피행동 ·도전과 노력 의지 ·의사결정의 비 합리성 ·자기향상 의지 부족	학생 학부모 (가정통신문)
4	자기탐색 II	지식	새로운 나의 발견	·나의 적성과 잘하는 일 표현 하기 ·내가 잘하는 일 표현하기	·성능적 자기 특성 탐색 및 수용		학생 학부모 (가정통신문) 또래집단
5	직업세계 탐색 I	지식	내가 하고 싶은 일	·내가 하고 싶은 일 알아보기 ·여러 가지 방법을 통한 직업 정보 탐색의 방법 이해하기	·직업세계 탐색의 선호 경향 파악 및 보완		학생

6	직업세계 탐색 II	지식	미래 사회의 유망직업	·사회변화에 따른 직업의 변화 알아보기 ·미래의 직업 가상체험하기 ·직업사전 찾아 보기	·직업정보 탐색 및 수용 2		학생
7	의사결정 I	의사 결정 기술	나는 이렇게 문제를 해결해요	·나의 의사결정 유형 찾기 ·무인도에서 살아 남기 ·합리적 문제해결 전략 및 의사 결정 능력 향상시키기	·의사결정 유형 탐색 및 합리적 의사결정 능력 향상		학생
8	의사결정 II	의사 결정 기술	꿈, 선택 하는 연습	·내가 갖고 싶은 직업 찾기 ·문제해결의 4단계 이해하기	·진로대안 탐색 ·진로의사 결정		학생
9	진로준비 행동계획 I	실행	현재, 그리고 미래 진로일기	·현재와 미래의 이력서와 진로일기 작성 하기 ·꿈을 이루기 위해 지금 내가 해야 할 일 찾아 실천하기	·진로 준비행동 차이 분석		학생 학부모 (가정통신문)
10	진로준비 행동계획 II	실행 및 종료	나의 진로계획	·장·단기 진로목표 세우기 ·나의 진로 로드 맵 만들기 ·달라진 내 모습 찾기	·진로 준비 및 행동 계획 및 계획실천의 방해 요소 대처 및 종결	·진로-인지의 수정 및 변화 정도 탐색	학생 학부모 (가정 통신문)

8. 자녀 진로지도를 돕는 부모 대상 진로상담 프로그램

대부분의 부모대상 프로그램은 자녀 진로지도와 관련한 내용도 포함하고 있지만, 자녀와의 의사소통 방법, 양육 방법, 자녀발달 특성 등을 중심으로 구성되어 있다. 자녀가 적극적으로 진로발달 과업을 수행해 나갈 수 있도록 도우려면 부모가 수많은 정보 속에서 객관적이고 신뢰로운 정보를 탐색하여 제공할 수 있는 능력이 있어야 한다. 따라서 부모가 먼 저 직업에 대한 올바른 이해와 직업관을 성찰하고 자녀의 진로결정을 효과적으로 도울 수 있는 방법을 제공하는 프로그램이 절실히 필요하다.

한국고용정보원(2007)에서 '부모를 위한 자녀진로 지도프로그램, 커리나비'*를 개발하여 보급하고 있다. 이 프로그램은 공통모듈과 초등생 학부모, 중학생 학부모, 고교생 학부모 모듈로 구성되어 있어서 대상과 상황에 맞게 진행할 수 있다. 예를 들어 초등생 학부모를 대상으로 진행할 때에는 공통모듈과 초등생 학부모 모듈을 하루 3시간씩 3일간 진행하면 된다.

---

* '부모를 위한 자녀 진로지도 프로그램, 커리나비'에 대한 구체적인 내용은 [사이버진로교육센터(http://cyber-edu.keis.or.kr/)-자료마당-진로지도콘텐츠]에서 다운받아 활용할 수 있다.

구분	공통 1 모듈	공통 2 모듈	초등생 학부모 모듈	중학생 학부모 모듈	고교생 학부모 모듈
시간	3시간	3시간	3시간	3시간	3시간
주제	자녀 진로지도에서 부모의 역할		초등생 자녀의 진로인식을 촉진하는 부모 자녀의 진로인식을 촉진하는 부모	중학생 자녀의 진로탐색을 촉진하는 부모 자녀의 진로탐색을 촉진하는 부모	고등학생 자녀의 진로계획을 촉진하는 부모 자녀의 진로계획을 촉진하는 부모
	부모 돌아보기	변화하는 직업세계			
내용	· 부모 자신의 진로발달에 대한 회상과 나눔 · 자녀에게 자신은 어떤 모델인가? · 자녀가 살아갈 미래사회는 무엇이 달라질까? · 자녀와 갈등하는 문제 나누기		· 진로인식, 진로탐색, 진로계획 시기의 대표적인 문제상황 제시(동영상) · 유사한 문제 상황에서 자신이 경험했던 어려움 나누기 · '어떻게 대처할 것인가?'에 대한 대안 찾기 · 문제 해결 드라마 제작 · 부모용 안내 지침서 제공		

9. 그 외 진로상담적 접근

1) 학교 진로상담

학교에서의 이루어지는 진로상담은 일반적으로 진로정보제공, 진로상담, 진학상담, 취업상담, 학급지도, 조언으로 이루어진다. 청소년들의 진로발달 및 진로결정을 돕기 위해 각 학교의 상담자들은 자기지식, 교육과 직업 탐색, 진로설계에 기초한 상담을 제공해야 한다. 진행방식은 집단진로 상담 프로그램과 유사하기는 하지만, 학급별로 진행되도록 구성하는 것이 일반적이다.

초등학교에서는 진로정보를 제시할 때 부모와 지역사회 지지원들을 다양하게 참여시키는 것이 중요하다. 특히 긍정적 자기개념을 발달시키는 것과 관련 있을 때에는 자기지식 활동에 더 많은 관심을 갖도록 해야 한다. 이들에게 진로정보를 제공할 때 컴퓨터 프로그램이나 비디오, 사진 등의 매체를 적극적으로 활용하는 것이 바람직하다.

중학교에서는 지적 역량을 더욱 강조하는 것이 중요하다. 직업에 따라 필요한 교육이나 자격 등이 다르기 때문에 진로정보 탐색방법을 익힐 수 있도록 도와야 한다. 또한, 교육적 성취와 진로목표 달성의 연관성을 알려 주고 학업성취에 관심을 갖도록 해야 한다. 학생들이 구체적으로 직업탐색 및 진로설계를 할 수 있도록 직업인과의 만남이나 직업인 특강 등을 통해 다양한 직업을 직·간접적으로 경험하도록 하는 것이 좋다.

고등학교에서는 생애역할의 상호 연관성의 인식 활동을 강조하는 것이 중요하다. 직업과 경제의 관계, 그리고 일과 직업이 삶에 어떠한 영향을 미치는지에 대한 이해를 증진시켜야 한다. 대인관계 능력이나 의사소통 능력 등과 같은 기초 직업능력을 향상시켜 직업현장에서 잘 적응할 수 있도록 준비시키는 것도 필요하다.

(1) 온라인을 통한 진로 교육

각 학교의 홈페이지에 진로정보 메뉴를 마련하여 각종 진로정보를 제공할 수 있다. 또한, 학교 진로상담 메뉴를 통해 사이버 진로상담을 실 시할 수 있으며, 메일, 쪽지, 인터넷 채팅, SNS 등을 활용하여 진로상담을 실시할 수 있다.

학교 교육과정을 활용하여 진로교육을 실시할 수 있는데, 가장 바람직한 방법은 각 교과목의 수업내용에서 다양한 방법으로 진로정보를 제공하는 것이다. 아울러 창의재량활동이나 방과 후 활동 시간을 활용하거나 진로 관련 행사를 개최하여 진로교육을 실시하는 방법도 있다. 최근 많은 학교에서 진로프로그램이나 진로관련 행사를 마련하여 다양한 체험의 기회를 제공하고 있다. 진로프로그램이나 진로관련 행사는 직업(진로)체험의 날, 직업인 초청 강연회, 진로 및 취업박람회 참가, 진로체험 활동(잡스쿨 프로그램), 롤모델(멘토)과의 만남 등이 있다.

학교 진로상담 프로그램의 예로 조용선(2009)이 개발한 '초등학생의 진로 자기효능감 향상을 위한 컴퓨터 시뮬레이션 활용 집단상담 프로그램'의 구성내용을 소개하면 다음과 같다.

표 13 초등학생의 진로 자기효능감 향상을 위한 컴퓨터 시뮬레이션 활용 집단상담 프로그램의 구성 내용(조용선, 2009)

회기	하위영역	시뮬레이션	프로그램 제목 (주제)	활동 내용
1	프로그램 소개		나의 꿈을 향하여!	· 프로그램 안내, 서약서 작성 및 다짐하기 · 별칭 짓기 및 자기소개하기 · 진로 자기효능감 사전검사 실시 · 목표 세우기
2	진로탐색 효능감	정보획득 시뮬레이션	직업정보 : 어디서 어떻게 찾을까?	· 직업정보를 탐색할 수 있는 방법 알아보기 · 관심 있는 직업에 대한 정보 탐색하기 · 자신감 충전: 나도 할 수 있어요!

3	진로탐색 효능감	정보획득 시뮬레이션	학교의 단계와 종류	· 학교의 단계와 종류 알아보기 · 자신의 꿈과 관련된 상급학교 알아보기 · 관심 있는 학교에 대한 정보 찾기 · 자신감 충전: 나도 할 수 있어요!
4	진로결정 효능감	정보획득 시뮬레이션	나의 적성 알아보기	· 직업적성 검사하기 · 자신의 적성과 관련된 진로 탐색하기 · 직업적성을 바탕으로 직업선택하기 · 자신감 충전: 나도 할 수 있어요!
5			나의 흥미 알아보기	· 직업흥미 검사하기 · 자신의 흥미와 관련된 진로 탐색하기 · 흥미를 바탕으로 직업선택해 보기 · 자신감 충전: 나도 할 수 있어요!
6			나의 직업가치관 알아보기	· 직업가치관 검사하기 · 직업가치관을 바탕으로 직업 선택해 보기 · 직업가치관에 따라 선택한 직업 탐색하기: 과제제시 · 자신감 충전: 나도 할 수 있어요!
7	효능감	상황 시뮬레이션	친구야, 놀자!	· 나의 친구관계 알아보기 · 친구들의 특징이나 좋은 점 발견하기 · 좋은 친구로 지내기 위한 방법 알아보고 연습하기 · 미래 직업생활에서의 인간관계를 다짐하기 · 자신감 충전: 나도 할 수 있어요!
8			성공하는 사람들은?!	· 동영상 '수퍼코리언-김연아 편' 감상하기 · 성공한 직업인의 공통점 찾아보기 · 가상 직업체험 활동 · 자신감 충전: 나도 할 수 있어요!
9			미래로 미래로!	· 미래의 나의 모습 계획 세우기 · 자신감 충전: 나도 할 수 있어요!
10	마무리		활동을 마치며	· 프로그램 평가하기 · '나에게 주는 상장' 만들기 · 진로 자기효능감 사후검사 실시 · 자신감 충전: 나도 할 수 있어요!

2) 진로 및 취업캠프

청소년 관련 기관이나 초·중·고·대학(교) 등 각 급 학교에서는 청소년의 진로탐색과 취업을 촉진하기 위해 진로 및 취업캠프를 실시하고 있다. 주요 내용으로는 진로 심리검사, 자기주도 학습법, 대학 탐방, 기업체 탐방, 직업체험 등으로 구성된다.

3) 직업체험 프로그램

고용노동부 등의 기관에서는 청소년들에게 다양한 직업체험 및 현장실습 기회를 제공하는 직업체험 학습프로그램 '잡스쿨(Job school)'을 운영하였으며, 주로 1일 또는 2일 일정으로 운영되며, 직업특강과 대학전공 체험, 성공한 직업인 초청 강의, 기업체 견학 및 현장 체험 등으로 구성하고 있다.

4) 직업체험관 잡월드

고용노동부에서는 직업체험관 '한국 잡월드'를 운영하고 있다. 한국 잡월드는 경기도 성남시 분당에 위치하고 있으며, 청소년들이 은행원, 자동차정비원, 경찰관, 펀드매니저, 의사, 슈퍼마켓 계산원, 아나운서 등 66개 직업을 체험할 수 있도록 직업세계관, 진로설계관, 청소년 체험관, 어린이 체험관 등을 갖추었다.

한국 잡월드

5) 잡카페

　많은 대학과 고등학교에서 잡카페를 운영하고 있다. 잡카페에서는 취업지원관이 상주하면서 진로상담, 취업상담, 취업서류 및 면접 클리닉 서비스를 제공하며, 인터넷 설비 및 진로관련 도서를 다양하게 구비하는 등 다양한 직업정보를 제공하고 있다.

노동청 잡카페 개설

PART 04

진로발달문제를 예방하기 위한 부모의 대처

옛날 어느 나라의 왕은 세상에서 가장 아름다운 다이아몬드를 가지고 있었다. 그 다이아몬드는 안에 햇빛을 박은 것처럼 빛이 났다. 어느 날 그 다이아몬드는 흠집이 나게 되었다. 왕은 최고의 세공사들을 불러들여 다이아몬드의 긁힌 자국을 없애고 다시 아름다움을 되돌리는 자에게 큰 상을 내리겠다고 했다. 하지만 세공사들은 어찌할 바를 모르고, 시간은 흘렀다. 왕도 지쳐서 포기할 즈음 한 남자가 찾아왔다. "임금님, 제가 그 다이아몬드를 예전보다 더 아름답게 만들 수 있습니다."라고 말했다. 왕은 그 남자를 믿지는 못했지만, 다이아몬드를 맡겼다. 그 현명한 세공사는 다른 세공사들처럼 흠집을 지우려고 하지 않았다. 자신의 뛰어난 재주를 활용하여, 흠집의 끝은 사랑스러운 장미꽃 봉오리로 만들고, 긁힌 자국은 줄기로 만들었다. 마침내 다이아몬드는 예전보다 더 아름다워졌다.

〈너만의 명작을 그려라, 마이클 린버그, 한언〉

　　본 PART는 진로상담 과정뿐만 아니라 일반 아동·청소년 상담자들이 진로선택이나 결정과 관련해 내담자를 돕고자 할 때 사용할 수 있는 예방과 대처에 대한 내용으로 구성되었다. 청소년기 진로와 관련된 문제를 예방하고 어린 시기부터 다양한 발달적 과제를 통합적으로 도와주고자 하는 부모교육이나, 실제 진로문제로 어려움을 겪고 있는 청소년과 부모를 상담할 때, 그리고 학교 현장이나 방과 후 기관과 같이 실제 장면에서 아이들과 일하고 있는 교사와 상담자들에게 유용한 정보가 될 것이다. 뿐만 아니라 아동과 청소년의 진로교육과 지도 프로그램을 진행하거나 내용을 구성하는 개발자들에게도 부모와의 작업을 도울 수 있도록 그 팁을 제공할 것이다.

1. 진로발달을 방해하는 네 가지 부모양육 태도 개선하기

진로결정에 대한 어려움을 가지고 상담센터를 찾는 청소년들은 다양한 가정 환경적 배경을 지니고 있다. 그러나 그들을 양육하는 부모의 특성은 몇몇 유형으로 구분된다는 것을 발견하였다. 상담자들은 다음의 유형에 속하는 부모들에게 자신의 양육태도가 자녀의 진로발달에 장애가 된다는 사실을 염두에 두도록 하고 개선해 나가도록 도와야 할 것이다.

1) 권위주의적 양육형

부모가 자녀를 대할 때 애정보다는 권위와 통제를 많이 행사하는 경우가 이 유형에 속한다. 이런 부모들은 아동을 보는 관점을 먼저 수정하는 것이 필요하다. 이들은 자녀를 독립된 개체로 인정하기보다는 자신의 소유물로 보고 자녀가 부모의 의견을 무조건적으로 따르기를 바란다. 그래서 자녀의 의견을 듣고 수용하기보다는 부모가 일방적으로 결정한 사항에 대해 자녀가 무조건 따라야 한다고 생각한다. 어릴 때부터 자녀가 스스로 생각하고 결정하는 경험을 제공해 주는 것에 인색하여 자녀는 의존적이거나 우유부단한 성격으로 자라 중대한 결정 앞에서 부모의 결정을 기다리거나 무기력한 모습을 보일 가능성이 높다. 자신의 삶에 대해 책임감을 가지고 스스로 결정력을 가진 유능한 자녀로 키우기 위해서는 부모가 자녀의 의견을 듣고 수용하며, 믿고 기다리는 태도가 필요하다. 자녀에게 권위를 내세우기보다 자녀를 믿는 모습을 보여 주는 것이 핵심적으로 변화해야 할 태도이다.

2) 과잉보호적인 양육형

최근 많은 청년실업자들이 캥거루족 또는 헬리콥터족이라는 별칭을 얻고 있다. 그들은 부모의 품을 벗어나 세상 속으로 나올 준비가 되어 있지 않고 작은 어려움에 직면하기가 두려워 언제든 부모를 호출하여 문제해결을 요청한다. 이들의 뒤에는 과잉보호적인 양육을 하는 부모들이 서 있다. 그들은 자녀에게 모든 것을 다 해주는 것을 부모의 올바른 도리로 생각하기 때문에 자녀의 진로를 결정하는 것도 부모가 해야 할 일이라고 생각한다. 이러한 유형의 부모들은 자신이 아이들을 심리적으로 독립시키는 것을 두려워하는 면도 가지고 있다. 즉, 부모가 심리적으로 해결되지 않은 어려움을 가지고 있다고 볼 수 있다. 부모 안에 있는 불안 덩어리, 원부모와의 해결되지 않은 덩굴들, 자라지 못해 내면에 쪼그리고 앉은 아동 자아 등 부모가 먼저 자신의 문제를 해결하고 자녀와의 건강한 관계를 정립하는 것이 필요하다. 가끔은 부모가 주지 않는 것이 큰 것을 주는 것이 되고, 주는 것이 안 주는 것보다 못한 경우가 있다. 아이가 이 세상을 살아가는 데 무엇을 주고 무엇을 주지 말아야 할지에 대해 심각하게 고민하고 행동의 개선을 시도해 보기 바란다. 아이의 고통은 성장을 위한 발판이다. 아이가 힘들어 할 것을 두려워해서는 안 된다. 지금 그런 고통을 겪지 않는다면 나중에 더 큰 고통을 얻게 될 것이다.

3) 자녀에 대한 지나친 기대형

청소년 내담자들 중에 겉으로 보기에 좋은 가정환경에서 자라면서도 부모자녀관계가 악화될 대로 악화되어 상담센터를 찾아온 경우가 있다. 안을 들여다보면 부모의 지나친 기대가 자녀의 숨을 막히게 하여 자녀는 더이상 참지 못하고 정상 범주를 벗어나간 경우들이다.

이런 유형의 부모들은 자녀의 능력을 객관적으로 평가하지 못하고 주관적 판단으로 자녀의 능력과 상황을 보고 부모의 사회적 지위에 걸맞은 진로를 기대하는 경향이 있다. 실제 자녀의 능력에 맞는 현실을 인정하기보다는 부모가 바라는 이상적인 자녀의 성적을 강요하거나 특수고나 대학, 학과를 선택하도록 종용하여 자녀는 행복한 삶을 잃게 된다.

자녀가 고통 받지 않고 건강하게 행복을 누리며 살기를 바란다면 부모가 아닌 '자녀가 바라는 것, 자녀가 할 수 있는 것, 자녀가 잘하는 것, 자녀가 좋아하는 것'을 중요한 진로결정 조건으로 삼기를 바란다. 자녀가 한 노력의 결과보다는 과정을 격려하고, 객관적으로 자녀의 능력과 흥미를 파악하며, 그것들을 인정하고 진정한 행복의 길을 열어 주도록 해야 한다.

4) 투사적 부모 유형

이 유형에 속하는 부모는 자신의 욕구를 자녀를 통해서 충족시키려 하는 경향이 있다. 자녀가 원하는 것, 필요한 것, 가야 할 길이라고 하지만 실제로는 부모 자신이 원하고 필요하며 가야 할 곳을 은연중에 강요해 온 것이다.

청소년들은 가끔 자신의 욕구와 부모의 욕구가 불일치한다는 것을 자각하고 부모의 투사적 행동을 거부하며 반항적 행동으로 보여 주기도 한다. 일부 청소년들은 이것조차 알아차리지 못하고 부모의 욕구가 마치 자신이 원하는 바인 양 받아들이기도 한다. 그러나 이러한 병리적인 관계는 오래가지 못하고 종국에 가서는 더 큰 문제를 발생시킨다는 것을 잊지 말아야 한다. 부모는 자신의 미해결된 욕구를 잘 들여다보아야 한다. 자녀들에게 하고 있는 요구가 누구의 바람인지를 객관적으로 볼 수 있어야 한다. 부모가 이런 유형에 속한다면 자녀가 진정 원하는 것을 알지 못하여 진로결정에 있어서도 객관적이고 합리적인 결정을 내릴 수가 없다.

부모 자신이 이런 문제에 갇혀 있다고 판단되고 스스로 해결할 수 없으며 자녀와의 관계에 결정적인 문제를 일으키고 있다면 상담을 받아볼 것을 권한다. 이 문제가 해결되지 않는다면 자녀와의 관계는 미궁 속으로 빠지게 되고 결국 부모와 자녀 모두가 수렁에서 벗어나기 어려울 것이다.

유아, 아동기와 청소년기 진로 발달의 주요 단계를 살펴보면 호기심, 탐색활동, 정보습득, 흥미발달 및 분화의 단계로 진행된다.

1) 호기심 단계

심리적으로 건강한 대부분의 아이가 가지는 기본적인 욕구는 이후 탐색행동의 출발점이다. 이 호기심은 진로발달에서 진로나 직업에 대한 다양한 탐색활동을 함으로써 충족되고 구체적인 정보를 얻고 흥미를 발달시키며 분화시키는 다음 단계로 발전할 수 있는 에너지원이라고 볼 수 있다.

첫 단계인 영유아기의 사물에 대한 호기심은 연령이 증가해 가면서 다양한 대상, 직업, 세계 등에 대해 질문을 시도하게 한다. 이때 부모는 적극적으로 격려하고 촉진할 필요가 있다. 어린 아동의 경우 호기심을 충족할 수 있도록 오감을 통해 직접 느낄 수 있도록 다양한 환경을 제공한다. 에디슨이나 뉴턴, 처칠 등의 어린 시절 일화들에서 그들이 보인 호기심을 충족하기 위한 시도는 훗날 그들의 직업과 무관하지 않다.

2) 탐색활동 단계

호기심을 충족하기 위해 아이들은 무엇인가를 행동으로 하기를 원하게 된다. 부모의 과잉 걱정으로 호기심을 충족할 만한 환경이 제공되지 않는다면 아동들은 탐색활동에서 좌절을 겪게 될 것이다. 반대로 부모의 관심과 지지가 부족하다면 탐색활동은 촉진되지 못하고 아동 혼자만의 힘겨운 사투가 되거나 잠재 능력을 충분히 키우지 못하는 안타까운 현실에 직면하게 된다. 즉, 자신의 호기심을 탐색활동으로 옮기는 데 방해를 받게 된다면 직업에 대해 알고자 하는 동기나 욕구를 잃어 진로의식과 태도가 발달해 가는 것이 어려워진다. 아이들의 탐색활동은 결국 성공적으로 자신의 진로를 계획하고 이행해 갈 가능성을 높여 주는 징검다리 역할을 한다.

3) 정보습득 단계

아동이 촉진적 탐색활동을 지속한다면 아이가 갖는 정보의 양은 축적되어 많아지고 이렇게 축적된 정보들은 이들이 진로를 발달시키기 위해 준비한 필수요소라고 할 수 있다. 이 시기에 무엇보다 중요한 것은 핵심적인 정보습득 원천이자 중요인물(key figure)로서 부모의 역할이다. 가까이 가족 안에서 부모나 형제, 삼촌, 이모와 같은 친인척과 위인, 유명인사 등의 역할모델을 통해 얻은 정보는 아동의 흥미를 발달시켜 진로발달 과정을 더욱 촉진하게 된다.

'나는 가수다'에 출연하고 있는 가수 조관우와 두 아들

4) 흥미발달과 분화 단계

이제 아이들은 이전에 얻은 많은 정보들 안에서 자신의 흥미를 찾고 정보와 흥미 간에 연결성을 찾는 노력을 할 것이다. 더 정교하게는 정보를 분화시켜 심화된 자료를 얻기 위한 활동에 몰입하게 되고 자신의 흥미와 가까운 진로를 찾는 단계에 이른다.

이 시기에 진로검사나 전문가와의 상담은 보다 효율적이고 안전한 과정을 거치는 데 도움이 될 것이다. 다음의 홀랜드 진로검사는 자신의 진로정체성과 적성, 유형을 표준화된 검사에 의해 파악하는 것으로 자신의 흥미를 실제 직업의 세계와 연관시켜 알아볼 수 있는 계기를 마련해준다.

이러한 전문적인 도움은 청소년과 부모들이 분화단계를 보다 객관적이고 합리적으로 거치도록 하는 데 도움이 된다.

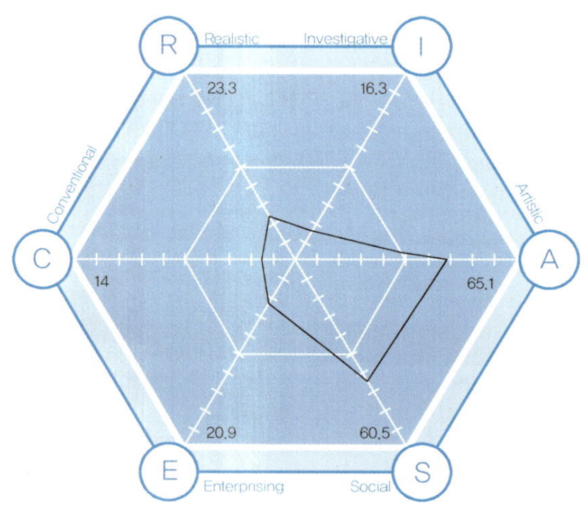

:: 나의 Halland 진로코드 유형은?

A	S	R
예술형	사회형	실재형
65.1	60.5	23.3

:: 진로정체성

진로에 대하여 어느 정도의 관심을 보이는가를 나타내는 진로성숙 수준을 의미합니다.

분화도	높음	긍정응답률	34.5%

당신은 자신의 적성에 대하여 잘 알고 있어서 진로방향이 분명하게 나타나는군요. 적성에 맞는 직업은 하루 종일 하는 일이 즐겁고, 또 적성에 맞으니 일을 더 잘할 수 있게 되고 그래서 직업적으로 성공하게 될 것입니다.

인생을 행복하게 산다는 것은 인기 있는 대학이나 전공학과에 가는 것이 아니라 당신의 적성에 맞는 직업을 우선적으로 골라서 직업적으로 성공하는 것이 더 중요하다는 것을 명심하십시오.

분화도: 특성이 어느 한 유형을 뚜렷하게 드러나 있는 정도
긍정응답률: 각각의 문항에 '예'나 '아니오' 중에서 '예'로 응답한 경우

:: 적성에 맞는 직무 분야   A   S

예술(창작·공연·전시), 문화, 출판, 레저, 이벤트 사업, 생활, 산업, 종합예술

:: 검사 전후 우선순위 유형비교

>> 검사 전에 생각한 나의 진로코드 순위는?

>> 검사를 통해 나타난 진로코드 순위는?

검사 전후 간 진로유형이 동일하지는 않지만 비슷해서 평소 진로에 관한 자기 이해가 잘되어 있는 편입니다.

:: 영역별 유형 백분율과 프로파일

(단위: 백분위)

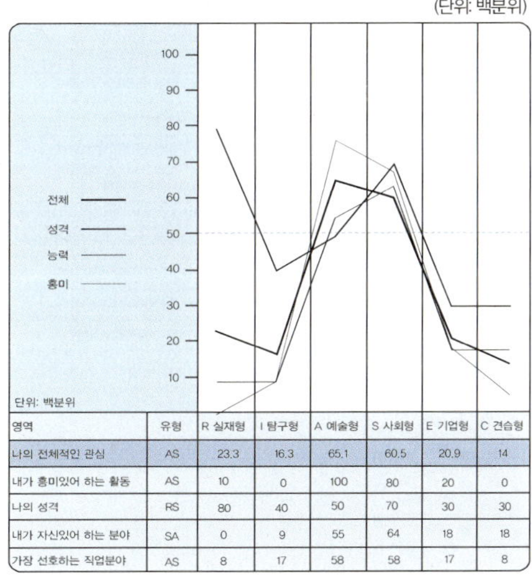

영역	유형	R 실재형	I 탐구형	A 예술형	S 사회형	E 기업형	C 견습형
나의 전체적인 관심	AS	23.3	16.3	65.1	60.5	20.9	14
내가 흥미있어 하는 활동	AS	10	0	100	80	20	0
나의 성격	RS	80	40	50	70	30	30
내가 자신있어 하는 분야	SA	0	9	55	64	18	18
가장 선호하는 직업분야	AS	8	17	58	58	17	8

:: 적성에 맞는 대학전공계열

● 1적성계열 전통예술계, 생활예술계 ● 2적성계열 생활예술계, 가정계

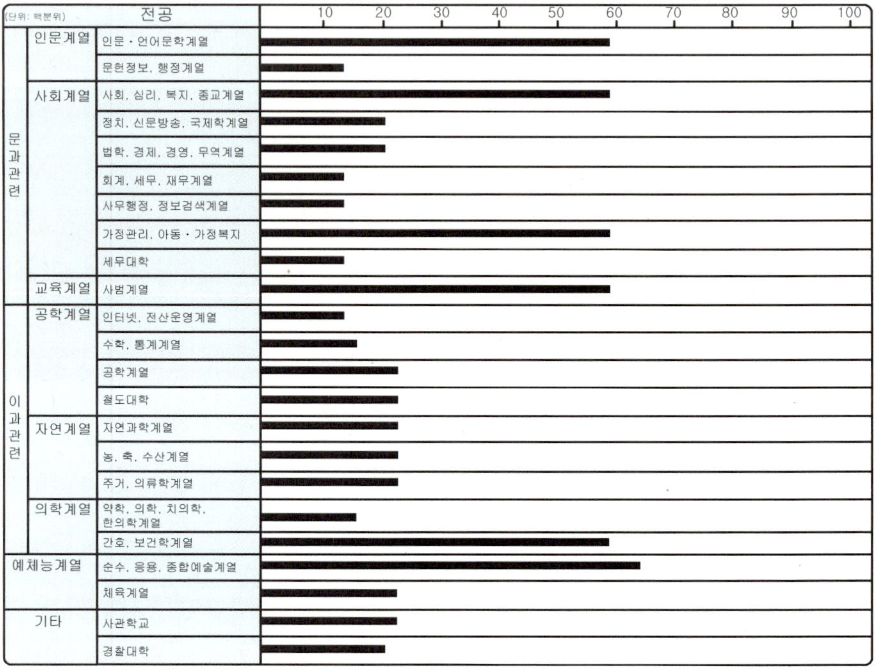

(단위: 백분위)
전공
10 20 30 40 50 60 70 80 90 100
문과관련
인문계열
인문 · 언어문학계열
문헌정보, 행정계열
사회계열
사회, 심리, 복지, 종교계열
정치, 신문방송, 국제학계열
법학, 경제, 경영, 무역계열
회계, 세무, 재무계열
사무행정, 정보검색계열
가정관리, 아동 · 가정복지
세무대학
교육계열
사범계열
이과관련
공학계열
인터넷, 전산운영계열
수학, 통계계열
공학계열
철도대학
자연계열
자연과학계열
농, 축, 수산계열
주거, 의류학계열
의학계열
약학, 의학, 치의학, 한의학계열
간호, 보건학계열
예체능계열
순수, 응용, 종합예술계열
체육계열
기타
사관학교
경찰대학

3. 연령별 진로발달 도움 주기

1) 유아기

진로발달은 전 생애를 통해 준비하고 실행하며 일어난다. 유아기에도 그 시기에 맞는 진로발달과제가 있다. 유아기의 진로발달 과제의 핵심은 자원을 준비하는 것이다. 진로발달을 위한 아무런 준비 없이 아이가 시간이 지나

청소년기에 접어든다면 돌이킬 수 없는 시간에 대한 후회와 아쉬움만 남는다.

중요한 것은 어린 시절부터 차근차근 좋은 기초공사를 해 두어 청소년기에는 멋지고 자신이 마음에 드는 집을 지을 수 있도록 하는 것이다. 다음은 진로발달을 위해 유아기 때 어떤 자원을 준비해야 할 것인지에 대해 소개하고자 한다.

(1) 다양한 심리적 자원은 진로발달을 위한 기초공사이다

① 자율성 발달은 진로선택 행동의 기초입니다.

진로결정에 어려움을 보이는 많은 청소년들은 유아기 발달과정에서 자율성을 잘 발달시키지 못한 특성을 보인다. 스스로 무엇인가를 얻고, 결정하며 쾌감과 성취욕을 느낀 아동들은 또 다른 성취경험을 얻기 위해 부단히 애를 쓴다. 자신이 원하는 바가 무엇인지, 잘할 수 있는 것이 무엇 인지를 찾기 위해서는 먼저 자율의지를 가지고 이런저런 것을 시도하여 실패와 성공을 경험해 보는 것이 중요하다. 이러한 경험은 유아기에 자율성을 경험하고 발달시키는 좋은 기회가 되어 또 다른 선택 행동을 이끌어 낼 것이다.

② 독립성 발달은 세상으로 나아갈 수 있는 용기를 줍니다.

걷기 시작하는 유아들은 부모의 품을 안전기지로 하여 세상을 탐험하기 위해 나아간다. 아이들은 이제 막 스스로의 발로 내딛고 세상으로 나아가 다양한 볼거리, 만질 거리, 들을 거리를 접하게 된다. 부모의 품이 아무리 따뜻하고 편안하지만 그 매력적인 것들을 포기하며 품속에 있으려고만 하지는 않을 것이다. 유아기 후기 즈음에 유아들이 혼자 유치원에 가거나, 학원을 가거나, 놀이터에 가는 것을 시도해 볼 때가 있을 것이다. 이때 안전거리를 유지하되, 그 최초의 심리적 독립선언을 기꺼이 받아 주고 촉진해 주어야 한다. 이렇게 얻어진 심리적 독립심은 이후 청소년이 되었을 때 건강한 마음으로 부모의 품을 떠나 자신의 길을 선택하고 나아갈 수 있는 용기를 줄 것이다. 그러나 독립심 발달은 0~3세 때의 부모와의 애착이 충분히 잘 이루어졌을 때 원활히 진행될 수 있을 것이다. 0~3세의 시기에 부모로부터 충분한 보살핌을 받지 못한 유아들은 부모의 품에 대한 결핍을 보충하기 위해 떠나기보다는 머물러 보충할 궁리만 할 것이다. 적절한 시기에 충분히 보살펴 주고, 떠나야 할 때는 떠나도록 길을 열어 주는 것이 필요하다. 부모가 아이를 과보호하거나 어릴 때 충분히 보살펴 주지 못한 미해결된 감정으로 세상으로 내보내는 용기가 부족하다면 아이는 캥거루족이나 헬리콥터족 성인 자녀가 될지도 모를 일이다.

③ 자신감이 없으면 이 세상에는 자신이 할 수 있는 일이 없다고 여깁니다.

어릴 적 부모로부터 얻은 자신감은 평생을 살며 모든 일의 밑천이 된다. 형제관계에서의 작은 비교들, 아이의 발달 단계상 해결하기 어려운 과제를 반복적으로 시도하는 경우, 의사소통 방식에서 칭찬이나 격려보다는 비판과 지적이 많을 때, 부모로부터의 관심과 애정욕구가 좌절되었을 때 등 다양한 상황에서 자신감을 잃을 수 있다. 이 시기에 잃은 자신감을 다시 회복하려면 굉장히 오랜 시간이 걸린다는 사실을 명심해야 한다.

④ 정서가 발달된 아이들은 다양한 방면에서 유능성을 보입니다.

감성지능은 성공의 초석이다. 상대방의 감정을 인식하고 이입할 수 있는 능력, 자신의 감정을 인식하고 적절한 방법으로 표현할 수 있는 능력, 나아가 감정을 적절하게 조절하는 능력은 대인관계에서 매우 중요한 성공요소가 된다. 인지 뇌뿐만 아니라 정서 뇌의 발달은 다양한 영역에서 능력을 발휘하도록 하여 이후 아이가 자신의 흥미와 능력을 탐색하는 과정에서 매우 유리한 조건을 형성하는 것이다. 감정을 긍정적인 방법으로 표출하는 방법과 조절하는 방법, 다른 사람의 감정을 인식하는 행동에 대해 부모 스스로가 먼저 좋은 역할 모델이 되도록 한다.

⑤ '책임감'은 자신의 삶을 철저히 준비 하도록 합니다.

부모가 아이에게 작은 심부름을 시키거나 집안에서 정리할 영역을 정해 주는 것은 책임감을 키우는 데 매우 효과적이다. 아이에게 장난감을 정리하는 규칙을 주고 잘하면 반드시 칭찬해 주어야 한다. 이런 시간을 통해 아이는 책임을 다한 후 얻은 성취감으로 다양한 일에 관심을 갖고 접근할 것이다. 또한 자신의 삶에 대한 책임감도 자연스럽게 생겨날 것이다.

진로를 선택하는 것도 하나의 책임 행동이다. 앞으로 어떻게 무엇을 하며 살 것인지에 대해 고민하는 것은 자신과 자신의 삶에 책임을 다하는 행동이다. 어릴 때부터 키워온 책임감은 이후 직업생활에서 능력을 인정받는 등 긍정적인 평가를 받게 된다.

⑥ 호기심과 탐구심이 없으면 진로와 직업에 대한 관심도 없습니다.

유아기에 아이들이 보여 주는 사물과 사람에 대한 호기심과 탐구심은 세상에 대한 호기심과 탐구심으로 확장되어 간다. 직업은 세상 속의 일면에 불과하다. 세상 속의 그 무엇에 대해서라도 알고 싶어 하고, 익히고 싶어 한다면 욕구를 충족해 주는 것이 필요하다.

이러한 호기심과 탐구심이 저지받거나 충족되지 못한다면 그 욕구는 반복된 좌절로 이어져 무관심이나 의욕상실이 될 것이다. 새롭고, 흥미로우며, 재미있는 것들에 대한 아이들의 마음을 잘 읽어 주고 충족해 주도록 하는 것이 세상에 대한 관심을 키우고 나아가 그 안에서 자신이 무엇을 하며 살 것인지를 고민하게 하는 지름길이다. 새로운 것을 시도하여 성공했을 때 적극적으로 칭찬하고 격려하는 것도 잊지 말아야 한다.

⑦ 끝까지 해낸 경험은 일에 대한 인내와 끈기, 그리고 열정을 만듭니다.

아이가 무엇인가 조금 시도하고 쉽게 포기해 버린다면 점진적으로 끝까지 해내는 경험을 얻도록 도와주어야 한다. 힘들었지만 끝까지 해낸다는 것은 어떠한 대가를 주는지 어떠한 긍정적 결실을 얻을 수 있는지 맛보게 해야 한다. 끝까지 해냈을 때의 그 기쁨을 부모와 나누면서 달콤하고 소중함을 만끽하도록 하라. 낮은 산으로의 등산이나, 짧은 거리의 마라톤, 블록이나 퍼즐을 끝까지 해내는 경험을 부모와 함께 해 보는 것은 좋은 예이다. 반대로 목표를 달성하지 못할 때 느끼는 실망감을 극복하도록 도와주어야 한다.

아이가 느꼈을 실망감을 민감하게 이해해 주고 공감해 주어 실망감을 다음 기회를 위한 원동력으로 사용하도록 에너지의 방향을 바꾸어 주는 것이 필요하다. 실패감 뒤에 오는 성공경험은 더욱 값지고 소중하니 부모는 이러한 아이의 변화와 발전에 대해 격려를 해 주어 효과를 극대화하도록 돕는다.

독일의 어린이 크리스마스 달력: 끝까지 기다리는 훈련!

12월 1일 즈음에 슈퍼에 가면 크리스마스 달력이 나온다. 25개의 칸으로 나뉘어 한 칸씩 종이 문을 열면 작은 선물이 나오도록 만들어져 있다. 아이들은 매일 아침 달력 문을 열며 작은 선물들을 만난다. 25일에 해당하는 선물은 매우 그럴듯한 것이 나오지만 아이들은 24일을 참고 기다려야 그것을 열어 볼 수 있다. 매일 얻는 작은 선물은 아이 손가락 한 마디만 한 작은 동물 인형이나, 신발, 방석, 나무 등이지만 25일 얻는 박스 속의 그 무엇이 있어야 전체를 완성할 수 있다. 이 달력은 24일을 기다리며 인내를 키우고 25일째 되는 날, 기다린 날들에 대한 보상을 얻으며 기쁨을 얻는 경험을 하도록 한다. 무엇인가 끝까지 참고 기다릴 수 있는 심리적 훈련을 하는 것이다.

---

⑧ 성역할에 대한 고정관념은 잠재 능력을 최대화하지 못합니다.

요즘 젊은 부부들의 성역할 고정관념은 많이 완화된 편이다. 그러나 자녀의 직업 선택에 있어서는 그 변화의 폭이 그리 크지 못하다. 부모들은 여성이 할 일과 남성이 할 일을 구분하여 자녀의 선택 폭을 제한하고 있다. 유아기 아이들은 성정체감을 형성해 가는 중요한 시기에 있다. 자신이 여자 아이이고, 남자 아이임을 알아 가는 것은 중요하지만 이 아이들의 마음속에 남자와 여자의 능력과 할 수 있는 일이 확연히 다르고 자신과 다른 이성의 직업에 관심을 보이는 것에 대해 제한하지 않도록 한다. 현대는 양성성의 시대이다. 남성성만, 여성성만 키워 주는 교육보다는 양성적인 사회적 역할을 고무시키는 것이 아이들을 더 유능하게 키우는 것이다.

(2) 놀이를 통해 자녀의 능력을 촉진하라

아이들에게 놀이는 좋은 학교이자 학원이며 과외이다. 다시 말해, 놀이 활동은 유아기에 좋은 배움의 장이 된다. 직업인들의 다양한 역할놀이나 병원과 가게와 같은 상황놀이 등은 유아들이 가상적으로 놀이를 하며 상상력과 다양한 인지적 기능이 발달하도록 돕고 나아가 직업에 대한 지식도 얻을 수 있도록 한다. 의사놀이, 선생님놀이, 가게놀이 등 아이들이 즐겨 하는 놀이 속의 주인공은 초기 꿈의 대상이 된다. '의사가 될래요, 간호사가 될래요, 축구선수가 될래요, 선생님이 될래요.'는 역할놀이를 통한 개념형성이 가능해졌기 때문에 유아들의 꿈의 대상이 될 수 있는 것이다. 이 시기에 본능적으로 아이가 좋아하고 잘 가지고 노는 장난감을 눈여겨보는 것도 필요하다. 타고난 재능을 발견할 수 있는 좋은 기회가 될 것이다.

(3) 다양한 직업에 대한 관심을 유발시키라

유아기 아이들에게 직업에 대한 관심을 불러일으키기 좋은 방법은 다양한 직업인이 등장하는 그림책을 읽고 함께 이야기해 보는 방법도 좋다. 그림책에 나오는 사람들의 흉내를 내 보거나 부모와 간단히 연극을 꾸며 보는 것도 직업에 대한 지식을 체화할 수 있는 방법이 된다. 아이들이 좋아하는 직업인 경찰, 소방관, 미용사, 운전사, 동물병원 의사, 선생님, 가수 등 무엇이든지 좋다. 아이들이 어떤 직업에 대해 관심과 흥미를 느끼면 적극적으로 반응해 주어라. 또한 사람들이 왜 직업을 갖는지에 대해 의문을 가지고 질문해 온다면 성심을 다해 반응하고 그 생각과 행동에 대해 격려하는 것이 좋다.

(4) 부모의 직장에 직접 데려가라

주말이나 공휴일에 유아들과 함께 부모의 직장에 함께 가 보는 것은 자신이 부모를 만나지 않는 동안 부모가 무슨 일을 하는지에 대해 알 수 있는 좋은 기회가 된다. 또한 아이의 삶에서 중요인물인 부모가 무엇을 하는 사람인지에 대해 직접 보여 주고 하나의 직업 안에서 일어날 수 다양한 에피소드를 부모와 연관하여 이해할 수 있을 것이다. 진로를 결정할 때 많은 정보를 가지는 것은 큰 자원이 된다. 그러나 책이나 TV에서만 본 간접지식과 이름만 알고 있는 직업, 그 직업 안에서 일어나는 구체적인 사건들을 함께 지식으로 가지고 있는 경우는 아이가 세상을 알아가는 데 매우 다른 영향을 줄 것이다.

부모의 직업의 세계를 익힌 아이들은 삼촌, 이모, 친구 엄마의 직업의 세계로 호기심을 확장해 올 것이다. 그만큼 아이는 세상의 많은 것을 자신의 것으로 만들어 가는 삶의 동기가 높은 아이로 성장해 간다는 의미이다. 유명배우 최민수 씨의 아들 최유성 군은 드라마 〈무사 백동수〉에 출연 중인 아버지를 방문하였다. 최 군은 "아버지의 일을 직접 경험해 보지 않겠느냐?"라는 카메라감독의 제의로 아버지 최민수와 함께 저잣거리에서 스쳐 지나가는 단역으로 출연했다. 최 군의 생생한 직업체험은 직업세계에 대한 호기심을 확장시키며, 그 어떤 진로정보보다 더 의미 있는 자원이 될 것이다.

드라마 〈무사 백동수〉에 함께 출연한 최민수 부자

(5) 일을 하며 사는 것이 행복하게 사는 것임을 보여 주라

부모가 직장에서 일하는 모습을 그림으로 그려 보는 작업을 아이들과 실시해 본 적이 있다. 어떤 부모는 행복한 표정으로 일을 하고 어떤 부모는 화가 난 표정으로 일을 한다. 어른이 되어 일을 하며 산다는 것은 행복하고 건강하게 사는 중요한 요소가 된다. 그러나 부모가 일로 인해 스트레스를 받고, 일을 즐겨 하지 않거나, 아침마다 억지로 일을 하러 간다면 아이도 일을 가지는 미래에 대해 큰 기대감이 없을 것이다. 기분 좋게 열심히 일하는 모습을 보여 주는 것이 필요하다. 그래야 아이들도 직업이라는 것은 인간에게 좋은 것이고 나도 일을 하며 행복을 느끼는 사람이 되겠다고 결심할 것이다.

(6) 부모의 일로 인해 아이에게 큰 고통을 주지 말라

부모가 일을 하기 위해 자녀에게 심각한 심리적 상처를 주거나 자녀를 희생시키며 장기간 불행감 속에 방치한다면 아이가 커서 직업을 가진다는 것에 대해 결코 좋은 태도를 보일 수가 없을 것이다. 초등학생 시절이나 중·고등학교 시절처럼 부모의 직장생활로 인해 자신에게 다소의 불편함이 있지만 의식적인 차원에서 이해가 가능하고 현실적인 혜택이 돌아온다면 문제가 일어날 확률은 낮다. 그러나 유아기와 같이 의식적인 차원에서의 이해수준이 낮고 현실적인 혜택보다 부모의 보살핌과 사랑이 가장 중요한 시기에는 부모가 일을 하면서 유아기 자녀에게 줄 수 있는 무리한 고통은 피하는 것이 좋다. 부와 모가 함께 직장 일을 하며 아이를 양육하는 일이 큰 문제가 되고 있고, 직장일을 후로 미루고 우선 양육일을 할 수 있는 상황이 된다면 기꺼이 어린 자녀를 양육하기 위한 적절한 선택을 하기를 바란다.

또는 부모를 대리할수 있는 최적의 대리양육자가 아이 곁에 있도록 지원을 아끼지 마라. 후에 그 어떤 것과도 바꿀수 없는 귀한 시간을 놓치는 것이다.

(7) 목표를 세우고 도달하는 경험을 하도록 도우라

한 여대생이 학과에서 Top을 하고도 절대 취업을 하지 않겠다고 한 사례가 있었다. 다른 사람들과 달리 취업을 못 하거나 출근이 귀찮거나, 조직 적응을 걱정하는 것이 아니라 어린 시절 어머니의 직업과 관련해 해결되지 않은 트라우마가 있었다. 그녀는 유치원을 다닐 때 엄마가 일을 하러 가기 위해 자신에게 너무 많은 고통을 주었다고 했다. 또한 오후에 집에 돌아와 버스정류장에서 몇 시간을 엄마를 기다린 외롭고 무서웠던 시간들은 절대 잊을 수가 없다고 하였다. 아침 일찍 매몰차게 자신을 깨워 유치원에 데려다 주고 저녁 때 돌아오면 늘 피곤하고 화가 나 있어 편안하게 말을 걸어 볼 수도 없었다고 했다. 엄마에게 직장이 없었다면 엄마는 좋은 엄마일 수 있었고, 자신도 사랑받는 딸이었을 것이라고 하였다. 그래서 자신은 직업에 관심이 전혀 없고 절대 일하는 여성이 되지 않을 것이라고 하였다. 직업을 가질 충분한 능력을 겸비하고도 유아기 때 받은 상처로 직업에 대한 강한 거부감과 현실 부적응적인 태도를 보이는 여대생의 사례이다.

유아기 때 목표를 위해 노력하고 노력의 대가로 기쁨을 얻는 과정을 경험하도록 도와주는 것이 좋다. 저금통에 동전을 모아 가며 다 채워지면 무엇을 살 수 있는지, 무엇을 할 것인지 생각하도록 안내하라. 아이가 할 수 있는 일의 목록을 만들고 하나씩 끝낼 때마다 스티커를 붙여 주어 목표량에 달성되는 경험을 하게 한다. 목표를 세우고 도달하기 위해 노력하는 직업인의 자세에 기초를 다지는 일이 된다.

2) 아동기

아동기는 공교육을 통해 다양한 활동 경험을 하게 되며, 또래와의 상호작용도 활발해진다. 이 시기에는 더 오래 집중하고 독서하고, 추상적인 사고능력을 개발할 수 있다. 다음 내용은 아동기 진로발달에 도움을 주는 일상의 노하우를 부모들에게 조언할 수 있는 내용들이다.

(1) 심리적 자원개발을 위해 지속적으로 노력하라

유아기에 발달을 촉진하고 노력했던 심리적 자원들을 계속해서 유지하고 더 나아가도록 한다. 만약 때를 놓쳤다면 지금도 늦지 않았다는 생각으로 노력하기를 바란다. 세 살 버릇 여든까지 간다는 속담처럼 나이든 자녀는 이미 때가 늦었다. 그러나 자녀가 어릴 때는 적절한 심리와 행동과 태도를 가르치기가 더 쉽다. 몸처럼 나이가 들수록 심리적 유연성도 떨어지고 발달도 더딘 것은 사실이다. 청소년기에 접어들어 문제가 꽃을 피웠을 때는 회복하는 데 너무 많은 시간과 노력이 필요하다. 자신의 삶을 책임지고 꾸준히 노력해 나가는 데 필요한 아이의 심리적 자원을 잘 체크하고 촉진하도록 한다.

(2) 아버지가 효과적으로 나서라

성공적으로 진로를 잘 발달시킨 아이들과의 인터뷰에서 공통적인 것은 초등학교 시절 아버지와의 관계가 매우 돈독했음을 발견할 수 있다. 그러나 아버지가 아이에게 비판적이고 매사에 지적하는 방식으로 의사소통을 한다면 역효과를 나을 수 있다. 아버지는 아이의 욕구를 민감하게 파악하고 존중하며 아이의 노력에 대해 지지적이었을 때 아버지의 정보와 조언이 좋은 효과를 발휘할 수 있을 것이다. 아버지는 그간의 직장과 사회생활을 통해 사회적 시각이 넓고 현실감각이 뛰어난 것이 사실이다. 이러한 아버지의 양육에서의 강점을 이제 아이에게 나누어 줄 때가 되었다. 그러나 잊지 말아야 할 것은 이해와 존중, 애정의 뿌리가 없다면 아버지와 아이가 펼쳐나갈 진로발달의 나무는 건강하게 자라지 못한다는 것이다.

(3) 친구들과 함께 직업과 관련된 일을 참여하여 경험하도록 하라

아동기는 부모의 품을 벗어나 친구들과 이것저것 시도해 보는 시기이다. 이제 혼자 대중교통을 이용해 집으로 올 수도 있고, 필요한 물건이 있으면 직접 구입할 수도 있는 나이가 되었다. 이러한 사회적 유능감을 이용해 친구들과 직업을 탐색하는 경험을 촉진하는 것이 좋다. 견학이나 직업체험 현장, 다양한 직업적 활동을 직접 경험해 볼 수 있는 기회와 자원을 연결해 주어야 한다. 가능한 한 친구들과 함께 나누고 자율감과 재미를 얻어 다른 활동으로 확장하고자 하는 동기화를 일으키도록 한다.

(4) 직업인과의 자연스러운 만남을 주선하라

자연스럽게 직업의 세계를 열어주는 것이 무엇보다 중요하다. 주변의 다양한 직업인들 중에 몇 사람을 선정하여 자연스러운 만남을 주선해 보는 것도 좋다. 경찰이나 의사, 교사 등은 아이들에게 어렵고도 두려운 존재이다. 그들을 가까이서 자연스럽게 만나 직장에서 일어나는 이런저런 에피소드를 직접 듣고 일에 대한 자부심이나 만족감, 좋은 점과 어려운 점을 들을 수 있도록 하라. 이런 기회는 아이들에게 생생한 기억으로 남아 세상을 보다 현실감 있게 알아 가도록 할 것이다. 아이들이 텔레비전이나 영화에서만 보았던 다양한 직업들을 위에서 설명한 방법으로 기회를 제공한다면 또래 아이들에 비해 많은 직업 지식을 가진 아이, 진로발달에 있어 남다르게 앞서 가는 아이로 발전할 수 있을 것이다.

(5) 경제개념을 가르쳐라

모든 발달과 마찬가지로 진로발달은 다른 발달적 요소를 필수적으로 요구한다. 진로의식과 성숙이 이루어지기 위해서는 무엇보다 아이가 세상에 눈을 뜨고 관심을 가지며 기초지식을 쌓는 것이 필요하다. 경제 개념도 그중에 하나이다. 경제개념은 직업에 대한 지식을 보다 구체적으로 하도록 하고 현실적인 결정을 내리는 데 필요한 요소이다. 초등학교 입학 후 용돈을 주고, 돈을 관리하는 법을 알게 하라. 또한 갖고 싶은 것이 있다면, 그것을 위해 절약하고 저축하는 방법을 생각해 내고 부모와 의논하며 꾸준히 실행하도록 도와주어라.

(6) 사회화를 충실히 도와라

아이들에게 세상이 어떤 곳인지를 알게 하는 것이 필요하다. 이 세상은 쉽게 얻어지는 것은 없으며 노력하여 얻은 것이 얼마나 값진 것인지 알게 해야 한다. 사회에서 일어나는 다양한 일들을 간접적으로 경험하도록 하고, 세상 속에서 자신이 해야 할 도리를 하도록 점진적으로 사회인으로 훈련시켜 가야 한다. 학생으로서, 자녀로서, 친구로서, 손자로서, 동생으로서의 다양한 역할을 충실히 이행하도록 가르쳐야 한다. 사회에서의 규칙을 가르치고 규칙 안에서 자율을 만끽하는 진정한 사회인이 되도록 사회화시켜야 한다. 사회화된다는 것은 사회에서 일어나는 일들을 직면하여 해결할 능력이 생기는 것이고 이러한 사회적 자신감이 있어야 사회 속에서 어떻게 살아갈지에 대해 진로를 설계할 동기와 용기가 생길 것이다.

(7) 일에 대한 인식과 태도를 바로잡아라

이 시기의 아이들은 사회적 가치관이 부모나 교사, 매스컴을 통해 발달되어 가는 시기이므로 일에 대한 기초 인식을 바로잡는 것이 매우 중요하다. 이는 향후 직업 선택에서 올바른 선택을 하는 데 매우 중요하며 이 시기를 놓친다면 다시 돌려놓기가 쉽지 않을 것이다.

아이들은 자신을 둘러싼 환경으로부터 일과 직업에 대한 편견을 가지기 쉽다. 이 시기의 아이들은 주변인들로부터 세상을 경험한 대로 지각하고 판단하여 자신의 세계의 일부로 집을 지어 간다. 우리나라는 전통적으로 어느 특정한 직업을 귀하게 여기고, 다른 직업은 천시하는 경향이 강하다. 이렇게 직업에 대한 의식이 발달된다면 이후 특정 직업인에 대한 경시적 태도와 소위 인기 학과와 인기 직업에 몰두하여 자신의 특성을 파악하고 꿈과 목표를 정하는 데 어려움을 겪게 된다.

마찬가지로 성역할 고정관념을 가지고 직업을 바라보지 않도록 성평등 직업의식을 고무시키는 것도 필요하다. 남자, 여자에게 맞는 직업을 찾기보다는 나에게 맞는 직업을 찾고 꿈과 목표를 세우도록 안내하길 바란다.

건강한 인간관계는 직업생활의 중요한 요소이다. 또는 인간관계는 몇몇 직업을 선택하는 데 장점으로 활용되기도 한다. 모든 직업은 인간과의 교류를 원칙으로 한다. 비단 연구만 하는 연구원도 팀원과 회의를 하고 윗사람이나 타기관에 프로젝트를 발표하며 인간관계를 바탕으로 성과를 얻게 된다. 교사, 의사, 변호사, 상담자, 회사원 등은 말할 것도 없다.

모든 직업은 인간관계 기술이 직업적 성공의 큰 요소가 된다. 폭넓은 진로선택을 준비로 또래들과의 관계를 원만하도록 도와주고 관계형성에 어려움이 있다면 전문적 도움을 받아서라도 개선해 주어야 한다. 건강한 또래 관계의 질과 더불어 타인을 이해하고 협동하는 기술, 남을 위해 희생, 봉사할 수 있는 용기의 배양, 믿음과 사랑, 그리고 감사하는 마음과 태도를 겸비하였다면 어느 오너가 그를 탐내지 않겠는가?

(9) 무엇이든 꿈을 가지는 것을 격려하라

이 시기의 아동들이 부모에게 서서히 자신의 꿈을 이야기하곤 해 올 것이다. 그때 진지하게 반응하고 관심을 가져주어라. 자기의 꿈이 소중한 것으로 인정받아 아이는 다음 작업을 진행하는 데 탄력을 받을 것이다. 가끔은 "커서 무엇이 되고 싶니?"라는 질문을 통해 자신의 이야기를 계속할 수 있도록 하라. 또 이 시기의 아이들은 꿈을 자주 바꾸는 특성을 보이기도 한다. 진로분야를 계속해서 변경하는 것은 자연스러운 일이다. 그만큼 관심분야가 많고 직업의 세계에 대해 흥미가 많아지고 있다는 의미이다. 또한 탐험심과 직업에 대한 호기심, 꿈을 가질 수 있는 생동력을 보여 주고 있다는 의미이기도

하다. 자신의 흥미분야가 무엇인지 계속 관심을 갖고 상상력을 키워 가도록
격려하라. 더불어 부모가 할 중요한 일은 아동이 표현했던 다양한 흥밋거리의
공통주제와 연관성을 찾는 것이다.

(10) 자기를 탐색하기 위한 노력을 촉진하라

아이들이 자기 자신의 모습과 능력, 적성, 흥미를 정확하게 파악하기가
쉽지가 않다. 요즘 아이들 중에는 진로선택에 대해 제법 알 만한 나이에도
불구하고 여전히 환상적이거나 일시적인 충동에 의해 자신의 꿈을 얘기하는
아이들이 있다. 진로성숙도가 이전 단계에 머물러 있다는 뜻이다. 아이가
초등학교 고학년에 접어들 무렵부터 자신을 통찰하고 객관적으로 보는
시도를 해 볼 필요가 있다. 아이들이 자라면서 보여 준 어떤 행동상의 특징
이나 성격상의 장점과 단점에 대해 대화하며 장래의 직업생활과 연결시켜
대화를 해 보는 것도 아이가 자신을 알아가는 데 도움이 될 것이다.

(11) 부모의 핵심적 역할을 점검하라

이 시기의 부모는 세 가지 핵심적 작업, 심리적 자원을 키워 주고, 자기 이해를
도우며, 다양한 직업세계를 탐험할 수 있도록 도와주는 것을 성실히 수행하고
점검해 볼 필요가 있다. 부모들이 막연하게 '아이들이 커 가면서 자기의
진로를 알아서 가겠지' 하는 경우와 열심히 아이의 진로발달을 촉진한 경우,
아이들의 직업적 성숙도는 큰 차이를 나타낸다. 아이들이 자신의 진로에 대해
얼마나 합리적이고 현명한 판단을 할 수 있는가는 부모가 자녀의 능력이나
적성에 따라 폭넓은 탐색이 가능하도록 하는 것이 뒷받침되었을 때 가능성은

높아진다. 진로발달을 위해 노력하는 부모는 자녀가 밝은 미래를 준비하는 데 든든한 주춧돌이 된다.

3) 청소년기

원래 청소년기에는 정규과정 이외의 과외활동을 통해서 자신의 흥미를 찾을 수 있는 기회를 만들어 간다. 그러나 우리나라 현실은 그러기가 어려우므로 현실에 맞는 진로준비를 하는 방법이 최선이다. 이 시기의 청소년들은 사춘기와 자아정체감 발달, 자아확장의 여러 가지 발달적 과제가 있지만 진로발달과 준비, 선택 과정이 청소년기 심리적 발달과업을 가속화하는 데 도움이 될 것이다. 다음은 청소년기 진로발달에 도움을 주는 여러 가지 방안들에 대해 진술한 것이다.

(1) 부모는 청소년 자녀와의 대화 방식을 교정하라

유아기부터 청소년기까지 자녀의 진로발달을 위해 공을 들인 부모라면 이제 마지막 단추를 잘 끼워야 한다. 마지막 결정 단계에서 어떤 진로를 선택할 것인가의 과제를 두고 부모와 자녀는 많은 대화를 하게 된다. 그러나 이때 부모가 일방적인 결정을 내려 통보하거나, 아이의 의견을 받아들여 수용하지 않는다면 공든 탑이 무너진다. 이 시기의 자녀가 올바른 진로 선택을 하도록 하기 위해서 부모가 할 수 있는 일 가운데 가장 중요한 것은 무엇보다도 자상하고 솔직한 의사소통 과정이다.

부모의 일방적이거나 미리 결론을 내려놓고 대화를 유도하는 식의 방법,

다른 형제나 친구들과 비교하며 비판하는 방식, 아이의 욕구를 무시하는 대화방식, 흑과 백의 논리를 이용해 아이의 애매모호한 의견에 귀 기울이지 않는 방식, 두 가지의 선택폭을 남겨 놓고 무조건적으로 선택해야 한다는 이분법적인 방식 등, 아이와의 대화를 막는 잘못된 방식은 많다. 부모가 스스로 이러한 대화 방식에 길들여져 있다면 전문가의 도움을 받아 역기능적 의사소통 방식을 수정할 필요가 있다.

또한 서로가 믿음을 가지고 대화가 되기 위해서는 먼저 자녀를 하나의 인격체로서 인정하려는 자세가 필요하다. 그리고 부모의 입장만을 일방적으로 강요하거나 설득하려 들지 말고 자녀의 입장에서 이해하려는 노력이 필요하다.

(2) 올바른 직업의식을 심어 주어라

초등학교 시절에 얻어야 할 올바른 직업의식에서 나아가 청소년기에 올곧게 세워야 할 직업의식은 따로 있다. 이 시기에 중점적으로 바로 세워야 할 것은 일의 보람과 즐거움을 알고 일에 대한 긍정적인 사고를 키우는 것이다. 많은 사람들이 원했던 직업을 가지고도 만족하지 못하고 있는 것은 구체적 인생의 목표 없이 단순한 경제적인 부나 명예 같은 것에 현혹되어 직업을 선택하였기 때문이다. 그러므로 부모는 자녀가 목적 있는 삶을 살게 하기 위해서 건전하고 가치 있는 인생관을 세우도록 도와줘야 한다.

즉, 자녀 스스로 원하는 가치의 세계를 발견할 수 있도록 돕는 일이 필요한 것이다. 결국 직업은 가치 있는 삶의 목표를 달성하기 위한 수단이 아니라 직업을 갖는다거나, 일을 한다는 것 그 자체가 의미를 지니고 즐거움을 느끼는 것이라는 점을 알게 할 필요가 있다. 일을 한다는 것은 돈을 벌거나 출세를 하기 위한 수단이 아니다. 이러한 잘못된 사고방식에 의해서 직업을 선택하게 되면, 외적으로 화려하고 풍요로운 직업을 쫓아다니게 되어 직업과 삶의 만족도를 조화시킬 수 없을 것이다. 잦은 이직은 일에 대한 전문성을 떨어뜨리고, 일 수행의 질적인 저하를 가져와 능력 없는 사람으로 오해받게 된다.

(3) 끊임없이 자신의 세계를 탐험하게 하라

유아기와 아동기를 거쳐 청소년기에 접어든 자녀들이 자신을 이해할 수 있는 다양한 경험을 하도록 더욱 적극적으로 지원하라. 이 시기의 자녀들은 스스로 자신을 볼 수 있는 더 좋은 눈을 가졌기 때문에 더 큰 효과를 볼 수 있다. 심리검사, 개인상담, 단기상담, 집단상담, 집단토의, 직업체험, 멘토링, 인턴십, 도서 등 기회가 닿는 대로 자신을 탐색할 수 있는 기회에 참여시키도록 한다.

자신에게 가장 적합한 진로를 계획하기 위해서는 무엇보다도 자기 자신을 아는 것이 중요하다는 것을 청소년이 알도록 해야 한다. 구체적으로는 자신이 가지고 있는 여러 가지 특성과 자신도 미처 깨닫지 못하고 있는 잠재력을 이해하는 것, 즉 자신의 행동이나 판단의 기준이 되는 가치관을 정립해 가는 과정이 이 시기에 반드시 수행되어야 할 자기에 대한 과제이다.

현재 우리나라 청소년들에게 가장 큰 고민은 학업성적이다. 학업성적은 진로선택의 중요한 조건으로 작용한다. 물론 좋은 학업성적은 좋은 대학과 학과로 갈 수 있는 가능성을 높인다. 그러나 이러한 입시 위주의 진로지도는 진학지도로 변질되어 결국 청소년들에게 대학입학이 최종 삶의 목적이 되도록 한다. 자신의 고유한 재능과 지적 호기심은 자리를 잃고 특정 영역에 능력 있는 자도 대학입시 앞에서는 꼴찌가 된다.

청소년 자녀가 자신의 특성을 발견하고 일의 세계에 대해서 필요한 정보를 얻어 자신이 원하고 잘하는 영역의 길을 자유롭게 선택할 수 있도록 부모와 교사의 인식전환이 필요하다.

부모가 먼저 다음의 올바른 진로 선택의 길을 알고 받아들이며 실천하라.

우선 ① 자신에 대해서 알아야 하고, ② 자신의 특성에 적합한 일, ③ 하고 싶은 일, ④ 잘할 수 있는 일들은 무엇이 있는가를 알아야 한다. ⑤ 어떤 직업의 종류가 있고, 또 ⑥ 직업에서 하는 일은 무엇이고, ⑦ 그러한 직업을 갖기 위해서 갖추어야 할 자질은 무엇이며, ⑧ 앞으로의 전망은 어떠한가 등에 대해 통합적으로 보고 노력해야 한다. 이런 과정을 거쳤을 때 자녀들은 자신의 잠재력을 최대한으로 살려 직업을 택하고 능률적으로 즐거움을 느끼며 일을 할 수 있을 것이다.

(5) 혹독한 일의 세계에 대해 알게 하라

올바른 진로선택을 위해서는 급격히 변화하는 사회 속의 직업세계에 대해 신속히 정보를 수집하고 올바르게 알아야 한다. 매스컴이나 긍정적으로만 상상한 직업의 세계가 아닌 혹독한 직업의 세계를 알고 선택하도록 해야 한다. 청년 실업자들 중에는 고단한 직장생활을 견디지 못하고 그만두는 경우도 많다. 멋지고 화려하게 보이는 직업인의 뒤에 어떠한 고통스러운 삶의 현장이 있는지를 미처 알지 못했기 때문이다.

인턴십 프로그램이나 아르바이트, 자원봉사를 통해 일의 세계를 구체적이고 현장감 넘치게 인식하고, 선택할 필요가 있다. 현장체험을 기반으로 꿈을 키우고, 각 직업의 장단점을 인정하면서, 그 직업 속의 자신의 모습을 상상하며 미래를 철저히 준비하도록 할 필요가 있다. 힘들게 고민하고 값지게 노력하여 얻은 일터는 쉽게 버리지 못하기 때문이다.

(6) 생생하게 꿈꾸게 하라

꿈이 있는 청소년들이 자신의 미래를 꿈꾸며 열심히 노력하도록 하라. 그러나 이상화된 꿈이 현실이 되도록 하기 위해서는 생생하게 미래의 현장을 상상하게 하는 것이 더 동기를 강화시킨다.

주말이나 방학을 이용해, 가고 싶어 하는 대학을 직접 방문해 보라. 구내 매점, 도서관, 교정, 잔디밭 등 아이들이 자신의 미래를 상상할 수 있는 거리들을 몸으로 기억하도록 하라.

(7) 정보와 자원을 효과적으로 찾는 방법을 알려 주되, 스스로 찾도록 하라

자녀에게 다양한 직업정보 출처를 알려 주고 스스로 탐색하도록 하라.

직업의 세계에 대한 탐색은 진로결정 과정에서 두 번째 단계로 매우 중요한 요소이다. 직업세계에 대한 풍부하고도 확실한 최신의 정보 수집을 어떻게 발빠르게 수집하느냐도 간과할 수 없는 실질적 문제이다.

수십 년간 직장에서 정보 사냥을 해 온 부모는 자녀가 최선을 다해 구해 온 지식이나 정보의 양을 보고 만족하지 못할 것이다. 실제로도 그 양은 전체 정보에 비례해 극히 일부분에 지나지 않을 것이다. 그러나 정보를 직접 찾아서 입맛에 맞도록 갖다 주는 것도 올바른 방법은 아니다.

정보를 찾고 정리하는 방법은 가르쳐 주되, 실제 땀을 흘리는 과정은 아이가 직접 하도록 하라. 그 과정도 아이에게는 자신의 삶에 대한 책임감을 가르치고, 세상과 부딪힌 중요한 경험이기 때문이다.

Tip 직업정보탐색 방법

1. 성공한 직업인의 인터뷰 기사나 동영상을 보여 준다(예: 한국직업정보시스템 활용).
2. 직업인의 성공스토리를 직접 들을 수 있는 강연회에 참여하도록 한다.
3. 숙제, 단체관람, 견학 등을 통해 전문가와 만날 수 있는 기회를 제공한다.
4. 단체 활동에 참여하여 직업정보에 대한 관심을 가질 수 있도록 안내한다.
   · 희망직업에 대한 정보 공유하기
   · 직업적 특성을 강조한 역할극 또는 공연하기
   · 영화나 드라마 속 인물의 직업특성 분석하기
   · 게임을 통해 직업정보 관심 갖기(직업명 알아맞히기, 도전 골든벨, 직업빙고 등)
5. 유망직업 또는 신생 및 이색 직업을 소개한다.

정보를 얻는 과정 동안 스스로 노력한 청소년들은 세상과 싸울 준비가 되어 있고, 자신감이 있으며 하나의 직업적 능력을 확보한 셈이 된다.

(8) 합리적 의사결정 방법을 익히도록 하라(PART 03 참고)

자신에 대한 이해와 직업세계에 대한 정보수집 단계가 이루어진 후에는 합리적인 의사결정의 순서가 뒤따르게 된다. 그간 부모와 자녀가 함께 준비해 온 다양한 자원은 보다 합리적인 방법 안에서 최종 결정과정을 거치게 된다. 청소년 자녀는 이제 진로결정의 주체가 되어 의사결정의 주요 인사가 된다. 부모와 자녀가 서로 대화를 통해 진로결정에 있어서의 다양한 문제들을 인식하고 분석해 보는 단계를 거친다. 문제의 원인을 파악하기 위해 또 다른 새로운 정보를 추가하여 현재의 정보를 명확히 한다. 문제의 원인을 파악하였다면 가능한 대안들에 대해 의논하고, 대안의 우선순위와 현실적용 가능성에 대해 타진하며 최종 집행과정을 거친다. 이러한 의사결정 과정은 부모·자녀 관계를 떠나 사회에서 만나는 다양한 사람들에게 적용할 수 있다. 그뿐만 아니라 나아가 훌륭한 리더십을 발휘하고 조화롭고 역량 있는 조직 구성원으로 직업생활을 해 나가는 데 필수요소를 겸비한 사람이 되는 것이다.

아이의 진로문제로 고민하시는 어머님들께

상담실에서 만난 많은 청소년은 어떤 일을 하게 될 것인가에 대한 고민에 앞서 현재 발달과업과 학업문제를 감당하지 못해 힘들어합니다. 그로 인해 부모와의 관계마저 악화되어 고통스러워합니다. 부모를 끊임없이 괴롭히는 것이 좋고, 미래를 망치고 싶은 아이들은 그 어디에도 없습니다. 다만 아이들에게 미래에 어떤 직업을 가지고, 어떤 일을 하며 살 것인가를 고민하라고 하기에 현 상황이 너무나 버겁다는 생각이 듭니다.

하지만 그렇다고 아이들을 따뜻한 품에 안아주기만 한다거나 현재 문제만이라도 해결해달라고 애원할 수만은 없습니다. 모래바람이 불어 앞을 보기 힘든 삶의 사막에서 너무 힘드니 그냥 포기하라며 가던 길을 멈추게 할 수는 없습니다. 힘들고 혹독한 현실을 이겨낼 수 있도록 힘과 지혜를 주고, 좋은 방향을 인도해 주어 거친 사막의 모래바람을 헤치며 앞으로 나아가도록 도와주어야 합니다. 한국의 입시와 직업현실을 피해 갈 수 없다면 한 걸음 한 걸음 나아가는 방법을 가르치는 수밖에 없습니다. 자 이제 한 걸음 한 걸음 내디뎌 볼까요?

먼저 부모님의 진로관을 탐색해 보세요

아이의 진로지도자가 되기 위해 먼저 부모의 직업관을 탐색해 볼 필요가 있습니다. 돈이 제일이다, 명예가 제일이다, 폼나는 직업이 제일이다와 같은 부적절한 직업관을 가지고 자녀를 인도한다면 아이에게 직업을 가지도록 도와줄 수는 있을지 모르지만 행복한 삶을 영위하도록 도와주지는 못할 것입니다.

부모님의 미해결된 꿈을 아이가 해결하도록 강요하고 있지는 않은가요?

과거에 의사가 되고 싶었으나 가정형편으로 포기했던 부모, 화가가 되고 싶었으나 부모의 반대로 포기했던 꿈, 현재 자신의 직업이 초라해서, 힘이 없어서 사회적으로 권위 있는 직업을 자녀에게 강요하고 있지는 않은지요?
부모의 욕구보다 아이가 진정으로 원하는 것, 돈이나 명예를 얻는 것보다
아이를 행복하게 하는 길로 안내하는 것이 훌륭한 부모입니다.

이제 아이에게 맞는 옷이 무엇인지 고민하십시오

현재 인기 있거나 남들이 알아주는 진로를 아이에게 강요하고 있지는
않은지요? 우리 아이가 어떤 일을 할 때 행복하게 느낄까? 우리 아이는
무엇을 잘하는 편이지? 어떤 일을 할 때 재미있어하나? 어떤 생각을 가진
아이인가? 아이를 지켜보며 여러 가지 질문을 던져 보십시오. 마음을 열고
비판 없이 직접 아이의 얘기를 들어보는 것도 좋습니다. "그쪽은 요즘
별로야…. 그 직업은 너랑 맞지 않아. 넌 다른 것을 좋아하잖니…." 아이의
얘기를 듣고 이런 반응을 하신다면 아이는 마음의 문을 닫고 대화를
피하게 될 것입니다. 일단 들어주고 이해해 주고 수용해 주십시오. 그리고
아이가 말하는 진로와 직업을 존중하고 함께 인터넷이나 서점에서 자료를
찾아보는 것도 좋은 방법입니다. 아직 결정되지 않은 넓은 선택의 땅에서
아이가 마음껏 상상의 꿈을 펼쳐볼 수 있도록 놓아주십시오. 그러나 충분한
탐색이 이루어졌을 때, 아이가 간과한 것이 무엇인지, 보다 현실적인 선택이
무엇인지에 대해 단지 참조할 의견으로서 덧붙여 주는 것도 좋습니다.

함께 발로 뛰는 것이 반드시 필요합니다

책이나 인터넷으로 자료를 충분히 찾아보고 간접적으로 경험해 보았다면
이제는 발로 뛰어보고 체험해 볼 때가 되었습니다. 인터넷이나 책으로 간접
경험에만 머무르게 한다면 일을 추진하는 데 있어 적극성을 키워주지 못하게
됩니다. 책이나 인터넷으로 얻을 수 있는 자료가 있고 직접 현장을 방문해야
얻을 수 있는 것들이 있습니다.

진로를 탐색하고 꿈을 향해 적극적으로 노력하도록 아이의 마음을 움직이기 위해서는 몸을 움직여야 합니다. 몸을 움직여야 마음도 움직입니다. 현실을 직접 보지 않은 계획이나 꿈은 금방 무너지는 모래성과 같습니다. 아이가 귀찮아 하더라도 부모가 귀찮은 마음이 생기더라도 제 앞가림을 스스로 할 수 있는 아이로 키우기 위해서는 귀찮은 순간을 떨치고 일어나야 합니다.

아버지를 진로지도 파트너로 모십시오

어머님만 아이와 고군분투하고 계신가요? 아이들이 세상으로 나아가기 위해 아버지는 징검다리와도 같습니다. 아버지의 현실적이고 힘 있는 도움은 세상으로 나아가는 데 큰 '돋움'이 될 것입니다. 그러나 하루아침에 아버지를 아이의 진로지도 파트너로 모실 수는 없습니다. 어느 날 갑자기 진로여행에 아버지가 끼어든다면 아이는 불청객이 들어왔다고 느낄 수도 있습니다. 아버지와 아이 사이를 돈독히 하시는 것이 일차적으로 중요합니다. 그리고 어릴때 부터 부부가 함께 아이의 학교생활, 친구관계, 아이의 성격에 대해서 고민하십시오. 어머니와 아이 외에도 또 한 사람의 파트너가 있다면 더 훌륭한 Brain Storming이 될 것입니다. 어릴 때부터 아버지 자리를 만들어 드리는 지혜를 발휘하는 것이 어머니가 할 수 있는 아이 진로를 위한 효과적인 준비입니다.

다른 진로지도 파트너를 찾아 도움을 요청하십시오

부모와 아이가 진로와 직업에 대한 정보를 얻고 현장도 가보았다면 그 학교를 다녀봤거나 직업 현장을 경험한 사람과 만남을 주선해 주는 것도 좋습니다. 아이가 적극적으로 질문하고 호기심을 충족하고 불안한 마음을 해소할 수 있는 좋은 기회가 될 것입니다.

직업에 대해 많이 아는 (외)삼촌, 아이의 적성을 잘 아는 교사, 아이가 잘 따르는 대학생 형(언니), 상담기관에서 전문적으로 적성과 흥미, 가치관 등에 대해 검사를 해보는 것도 방법입니다.

모든 탑은 공을 들여야 무너지지 않습니다

앞에서 말한 모든 과정은 직업을 위해 탑을 쌓아가는 과정입니다. 세상에 태어나서 직업을 가지고 행복을 누리며 살아간다는 것은 결코 간단한 일이 아닙니다. 스스로 자기를 탐색하기 위한 여행, 엄마와 정보를 찾아 떠나는 여행, 아빠와 현장에 나가보는 여행, 그리고 실제를 경험해보는 현실로의 여행 많은 여행시간 동안 생생히 느끼고 치열하게 준비하며, 그에 따르는 노력을 하였을 때 값진 결과를 얻습니다. 이 모든 과정은 하나의 탑을 쌓아가는 과정이고 공을 들여야 무너지지 않습니다. 대학을 졸업하고도 이 직업 저 직업을 전전하며 무엇인가를 찾아 헤맨다면 너무 늦은 여행이라 제대로 배우고 즐길 수가 없습니다. 어릴 때부터 아이에게 맞는 직업을 찾기 위한 여행을 시작하십시오. 그렇게 쌓은 탑을 공든 탑이라고 부릅니다.

참고문헌

강연우(2004). 자기애와 방어유형 및 대인관계 특성의 관계. 가톨릭대학교 석
　　사학위논문.

강진구(2004). 단기상담 훈련프로그램의 개발과 효과 연구. 연세대학교 박사
　　학위논문.

계은주(2001). 특성불안과 우울수준에 따른 자아방어기제 사용. 이화여자대학교
　　석사학위논문.

고향자(1992). 한국대학생의 의사결정유형과 진로결정수준의 분석 및 진로결정
　　상담의 효과. 숙명여자대학교 박사학위논문.

곽삼근·조혜선·윤혜경(2005). 생애주기별 성역할 발달 및 갈등. 한국여성학, 21(2),
　　147-179.

권석만·한수정(2000). 자기애자의 자기관련 정보에 대한 지각적 민감성. 한국
　　심리학회지: 임상, 29(4), 1135-1143.

김남규(2000). 직업에 대한 자아효능감과 결과기대감이 초등학생의 진로흥미에
　　미치는 영향. 건국대학교 박사학위논문.

김성환·박상우(2008). 경제위기 이후 빈곤의 특성과 결정요인. 한국경제통상학회,
　　25(3), 177-196.

김봉환·정철영·김병석(2006). 학교진로상담. 서울: 학지사.

김봉환·김계현(1997). 대학생의 진로결정수준과 진로준비행동의 발달 및 이차원적

유형화. 한국심리학회지: 상담 및 심리치료, 9(1), 311-333.

김은석(2006). 내현적 자기애와 사회적 지지가 진로미결정에 미치는 영향. 가톨릭대학교 석사학위논문.

김은진·천성문(2001). 부부에 대한 갈등적 독립과 애착이 대학생의 진로결정수준에 미치는 영향. 동서정신과학, 4(1), 147-162.

김정숙(2006). 여대생의 사회적 지지 및 자기 효능감이 진로결정 수준에 미치는 영향. 한국가정과학회, 9(4), 5-14.

김정애(2001). 여고생의 신체 만족도와 외모관리행동에 관한 연구. 전북대학교 석사학위논문.

김충기(2001). 진로교육과 진로상담. 서울: 동문사.

김충기·황인호·장성화·김순자·윤향숙(2011). 진로상담과 진로교육. 서울: 동문사.

김혜래·이혜원(2007). 학교청소년의 진로성숙도와 비행과의 관계. 한국아동복지학회, 23, 33-63.

김희수(2005). 고등학생이 지각한 부모의 양육태도와 학생의 자아존중감 및 진로결정과의 관계. 중등교육연구, 53(3), 63-88.

문미란(1998). 청소년의 진로성숙도와 비행과의 관계. 연세대학교 석사학위논문.

박무용(1999). 청년들의 기독교 신앙생활과 자아정체감 형성수준의 관계와 종교생활의 만족도. 대구대학교 석사학위논문.

박미진·최인화·이재창(2001). 고등학생의진로결정유형에 관한 연구. 한국심리학회지: 상담 및 심리치료, 13(1), 125-146.

박세란(2004). 외현적·내현적 자기애의 자기평가와 귀인양식. 서울대학교 석사학위논문.

박아청(1996). 한국형 자아-정체감검사 개발에 관한 연구. 한국심리학회지: 일반, 15(1), 140-162.

박진숙(2011). 인지적 정보처리이론에 근거한 초등학생 진로집단상담 프로그램 구성 및 효과 검증. 대구대학교 박사학위논문.

박현주(1999). 기능적인 완벽주의 집단과 역기능적인 완벽주의 집단의 구분 및 특성 연구. 서울대학교 석사학위논문.

박효희·성태제(2008). 진로태도 측정도구의 타당화를 위한 연구. 한국진로교육학회, 8, 219-255.

백승혜(2005). 내현적, 외현적 자기애성향자의 적대감, 분노경험수준 및 분노표현양식. 중앙대학교 석사학위논문.

백준흠(2000). 청소년의 종교성이 삶의 질에 미치는 영향에 관한 연구 : 원불교 청소년 교화의 활성화를 위한 제언. 원광대학교 박사학위논문.

서윤경(2003). 청소년의 외모 만족도와 자존감 및 학업성취도와의 관계. 숙명여자대학교 석사학위논문.

송경수(2003). 대학생들의 불안, 자아정체감이 진로 결정 수준에 미치는 영향. 건국대학교 석사학위논문.

송미현(2004). 고등학생의 외모만족도와 자아존중감 및 학교적응의 관계. 건국대학교 석사학위논문.

송재홍·천성문(1995). 청소년 진로발달프로그램의 개발을 위한 이론적 고찰. 인간이해, 16, 43-69.

신순란(1999). 대학생의 자아정체감과 진로의사결정유형 및 진로결정수준간의 관계. 계명대학교 석사학위논문.

심정은 · 고애란(1997). 청소년기의 자의식 및 체중조절행동과 의복행동과의 관련연구. 한국의류학회, 21(8), 1334–1345.

오수진(2011). 신앙성숙수준 및 소명의식이 진로태도성숙에 미치는 영향. 명지대학교 석사학위논문.

이기학 · 한종철(1997). 고등학생의 성별 및 계열별에 따른 진로태도 성숙정도의 비교 연구. 한국심리학회지: 상담 및 심리치료, 9(1), 335–349.

이미숙(2000). (12) TV 미디어가 청소년의 신체이미지와 의복행동 및 연예인 모방행동에 미치는 영향. 충남대학교 박사학위논문.

이성우(2008). 진로결정이 불안과 우울증에 미치는 영향에 관한 연구. 총신대학교 석사학위논문.

이수용(1986). 진로상담을 위한 가치명료화 프로그램. 계명대학교, 지도상담, 11, 95–123.

이영 · 나유미(1999). 유아의 애착 및 어머니 – 유아 상호작용과 또래 상호작용간의 관계. 아동학회지, 20(3), 19–32.

이재창(2005). 대학생의 진로상담에 관한 연구. 교육연구, 12, 81–99.

이재창 · 최인화(2006). 완벽주의 및 역기능적 진로사고와 진로미결정과의 관계. 한국심리학회지: 상담 및 심리치료, 18(4), 853–872.

이준득(2005). 내현적·외현적 자기애 성향자의 분노특성. 서울대학교 석사학위논문.

이예진 · 손현국 · 임유경 · 오서진 · 이동귀(2010). 대학생의 완벽주의와 진로미결정 간의 성차 모형 검증: 걱정의 매개 역할. 한국심리학회지: 여성, 15(1), 45–65.

이춘희(2007). 내현적 자기애와 진로 미결정이 학교생활적응에 미치는 영향. 가톨릭대학교. 석사학위논문.

이현주(1998). 진로의사결정에 영향을 미치는 변인 분석. 고려대학교 박사학위논문.

이화련(2007). 비행청소년의 구조적 결손 가정 유무와 비행 행동에 따른 성격특성 연구. 제주대학교 석사학위논문.

임진(2003). 애착이 진로태도성숙에 미치는 영향. 연세대학교 석사학위논문.

조용선(2009). 중학생을 위한 컴퓨터 시뮬레이션 활용 학교진로상담 프로그램 개발. 한국교원대학교 박사학위논문.

장선철(2004). 대학생의 진로결정 유형 분석. 한국심리학회지: 상담 및 심리치료, 16(3), 533-551.

정남운(2001). 과민성 자기애 척도 타당화 연구. 한국심리학회지: 상담 및 심리치료, 13(1), 193-216.

정옥분(2003). 청년발달의 이해. 서울: 학지사.

정채기(1991). 자아개념, 자아정체감 및 내외통제성이 진로결정에 미치는 영향. 건국대학교 박사학위논문.

지용근·김옥희·양종국·김희수(2005). 진로상담의 이해. 서울: 동문사.

진미석(2002). 진로교육 및 진로지도 지원방안. 한국진로교육학회 학술발표-7차 교육과정과 진로교육, 125-144.

최명선·강지희(2009). 대학생 중도탈락 경험에 대한 질적 연구. 청소년학연구, 15(7), 203-225.

최인실(2004). 청소년이 지각한 가족갈등과 심리적 적응 및 진로태도성숙도에 관한 연구. 전북대학교 석사학위논문.

하정희·허보연·강연우·송언희(2009). 내현적 자기애와 진로미결정과의 관계. 한국심리학회지: 상담 및 심리치료, 21(3), 683-701.

김지현·김계현·유정이·황매향·노경란(2007) 부모를 위한 자녀 진로지도 프로그램 개발 연구. 서울: 한국고용정보원.

한국교육개발원(2009). 고등교육기관 졸업자 취업 통계 연보. 서울: 한국교육개발원.

황설영(2005). 문제해결검사의 타당화 연구. 연세대학교 석사학위논문.

허영기(2003). 종교활동이 청소년비행에 미치는 영향. 대구가톨릭대학교 석사학위논문.

홍혜영(1995). 완벽주의 성향, 자기효능감, 우울과의 관계연구. 이화여자대학교 석사학위논문.

Astin, H. S. (1984). The meaning of work in women's lives: A sociopsychological model of career choice and work behavior. *Counseling psychologist, 12,* 117-126.

Basow, S. A. (1992). *Gender: Stereotypes and roles*(3th ed.). Pacific Grove, CA: Brooks/Cole.

Bodin, E. S.(1968).*Psychological counseling*(2nd ed.). New York: Appleton-Century-Crofts.

Blustein, D. L., Prezioso, M. S., & Schultheiss, D. E. (1995). Attachment theory and career development: Current status and future directions. *The Counseling Psychologist, 23,* 416-432.

Brown, D. & Brooks, L. (1985). Career counseling as a mental health intervention. *Professional Psychology: Research and Practice, 16,* 860-867.

Chen, C. R., Chartrand, J. M., & Jowdy, D. P. (1995). Relationship Between Career Indecision Subtypes and Ego Identity Development, *Journal of Counseling*

Pshchology, 42(4), 440–447.

Clark, C. S. (1992). Work family and stress. *CQ Researcher*, 15–26.

Crites. J. O. (1969). *Vocational psychology*. New York> McGraw–Hill.

Crites. J. O. (1981). *Career models: Models, methods, and materals*. New York: McGraw–Hill.

Coopersmith. S. (1967). *The antecedents of self–esteem*, Saga Publication.

Fuqua, D. R., & Hartman, B. W. (1983). Differential diagnosis and treatment of career indecision. *Personnel and Guidance Journal, 62*, 27–29.

Gasper, T. H. & Omving, C. P. (1976). The relationship between career maturity and occupational plans of high school juniors. *J. of Vocational Behavior, 9*, 367–375.

Ginzberb, E., Ginsberg, S. W., Axelred, S., & Herma, J. L. (1951). *Occupational choice: An approach to general theory*. NY: Columbia University Press.

Goodstein, L. S.(1981). Behavioral views of counseling. In B. Stefflre & W. H. Grant(Eds., pp. 243–286). *Theories of counseling*. New York: McGraw–Hill.

Gottfredson, L. S. (1981). Cirumscription and compromise: A developmental theory of occupational aspirations. *Journal of Counseling Psychology, 28*(6), 545–579.

Harold, R. D. & Eccles, J. S. (1990). Maternal Expectations Advice and Provision of Opportunities. Paper presented at the meetiing of the Society for Research in Adolescence, Atlanta.

Harris, D. V. (1976). Physical sex differences: A matter of degree. *Counseling*

Psychologist, 6, 9–11.

Haverkamp, B. E., & Moore, D. (1993). The career-personal dichotomy: Perceptual reality, Practical illusion, and workplace integration. *Career Development Quarterly, 42*, 154–160.

Herr, E. L. & Crammer, S. H. (1996). *Career guidance and counseling through the life span: Systematic approaches*(5th el.). New York: Harper Collins.

Hollender, M. H. (1965). Perfectionism. *Comprehensive Psychiatry, 6*(2), 94–103.

Hoyt, K. B. (1962). Guidance: A constellation of services. *Personnel and Guidance J., 40*, 690–697.

Ketterson, T. U. (2000). The role of attachment style in vocational exploration and decision making. *Dissertation Abstracts International, 61*, 2185A (University Microfilm NO. 99–74, 991).

Kims, H. G., & Troth, W. A. (1974). Relationship of trait anxiety to career decisiveness. *Journal of Counseling Psychology, 21*, 277–280.

Korman, A. K. (1996). Selt-esteem Variable in Vocational Choice.

Krumboltz, J. D. & Bergland, B. E. (1969). An optimal grade level for career exploration. *Vocational Guidance Quarterly, 18*, 29–33.

Lasch, C. (1989). 나르시시즘의 문화. 서울: 문학과 지성사.

Lopez, F. G., & Andrews, S. (1987). Career indecision: A family systems perspective. *Journal of Counseling and Development, 65*(6), 304–307.

Lucas, M. (1997). Identity development, career development, andpsychological separation from parents: Similarities and differences betweenmen and women. *Journal of Counseling Psychology, 44*, 123-132.

Mack, J. E. (1983). Self-Esteem and Its Development: An overview. In J. E. Mack & S. L. Ablon(Eds.), The Development and Sustenance of Self-Esteem in Childhood(pp. 1-42). New York: International Universities Press.

Miller, J. V. (1977). *Career development needs of nine-year-olds: How to improve career development programs*. Washington, DC: National Advisory Council for Career Education.

O'Hara, M. M., & Tamurri, E. (1986). Coping as a moderator of the relation between anxiety and career decision making. *Journal of Counseling Psychology, 33*, 255-264.

Patterson, C. H. (1964). Counseling: Self-clarification and the helping relationship In H. Borow(Ed.), *Man in a world at work*. Boston: Houghton Mifflin.

Peterson, G. W., Samson, I. P., & Reardon, R. C. (1991). *Career Development and Services: A Cognitive Approach Pacific Grove*. Calif.: Brooks/Cole Publishing Company.

Pinkney, J. W., & Jacobs, D. (1985). New counselors and personal interest in the task of career counseling. *Journal of Counseling Psychology, 32*, 454-457.

Roe, A. (1956). The psychology of occupations. New York: Wiley.

Rogers, C. R. (1942). *Counseling and psychotherapy*. Boston: Houghton Mifflin.

Rosenberg, M. (1957). Occupations and values. Glencoe, IL: Free Press.

Ryan, N. E., Solberg, V. S., & Brown, S. D. (1996). Family dysfunction, parental attachment, and career search self-efficacy among community college students. *Journal of Counseling Psychology, 43*, 84–89.

Sampson, J. P. Jr., Peterson, G. W., Lenz, J. Gl, Reardon, R. C., & Saunders, D. E. (1996). *Career Thought Inventory: Professional manual.* Odessa, FL: Psychological Assessment Resources.

Serling, D. A., Betz, N. E. (1990). Development and Evaluation of a Measure of Fear of Commitment. *Journal of Counseling Psychology, 37*(1), 91–97.

Super, D. E. (1957). *The psychology of career.* New York: Harper & Row.

Super, D. E., & Overstreet, P. L. (1960). *The vocational maturity of ninth grade boys.* New York: Teachers College, Columbia University.

Tak, J. K., & Lee, K. H. (2003). Development of the Korean Career Indecision Inventory. *Journal of Career Assessment, 11*, 328–345.

Tokar, D. M., Fischer, A. R., & Subich, L. M. (1998). Personality and Vocational Behavior: A Selective Review of the Literature. *Journal of Vocational Behavior, 53*(2), 115–153.

Trice, A. D., & King, R. (1991). Stability of kindergarten children's career aspirations. Psychological Reports, 68, 1378.

Turkman, B. W. (1974). An age–graded model for career development education. *Journal of Vocational Behavior, 4*(2), 193–212.

Whiston, S. C., & Keller, B. K. (2004). The Influences of the family of origin on career development: A review and analysis. *The Counseling Psychologist, 32*, 493–568.

Willamson, E. G. (1939). *How to counsel students.* New York: McGraw–Hill.

Wrightsman, L. S. (1977). Social psychology (2nd ed.). Monterey, California: Brooks/Cole.

최명선

학력

숙명여자대학교 학사, 석사 및 박사 졸업(아동상담 전공)
Gestaltpsychotherapie für Kinder und Jugendlischen(Gestalt Institut Köln in Germany)
Ausbildung in 'Methoden und supervision der Gestaltpsychotherapie'(saarbrücken)

경력

현) 아동청소년상담센터 맑음 소장
　　맑음 부설 아동청소년심리치료연구소 소장
전) 동신대학교 상담심리학과 교수
　　한국놀이치료학회, 상담심리학회 편집부위원장
　　상담심리학회, 놀이치료학회, 인간발달학회 등 다수 학회의 편집위원/학술위원
　　숙명여자대학교, 덕성여자대학교, 강원대학교 강사

저서

『놀이치료: 아동중심적 접근』
『놀이치료의 치료관계와 치료성과』
『아동청소년심리척도 핸드북』
『꿈을 찾으면 내 직업이 보인다』
『사회조사방법론』
『논문의 저술에서 출판까지』
그 외 인관관계론/인성함양/리더십개발 등 다수의 저서와 학술논문 저술

문은미

학력

동신대학교 석사 및 박사 수료(상담심리 전공)

경력

현) 진로상담연구소 꿈 소장
  아동청소년상담센터 행복한 소풍 소장
  진로교육전문학원 커리어아카데미 소장
  아동청소년상담센터 맑음 진로상담 프로그램 강사
  조선대·동신대학교 외래강사, 광주대학교 겸임강사
  고용노동부 광주고용센터 전문위원 및 강사
전) 고용노동부 직업상담직 공무원
  진로집단상담프로그램(행복한 대화 이끌기, 직업정보수집 등) 진행
  초·중·고·대학생 대상 직업(취업)특강 및 진로(취업)캠프 진행 등
  청년층직업지도프로그램, 부모를 위한 진로지도프로그램 등 진행
  진로지도교사, 학부모, 위기청소년, 새터민, 이주여성 등 직업특강 진행

저서

『꿈을 찾으면 내 직업이 보인다』

청소년 진로 상담하기

초판발행 2012년 11월 9일
초판 3쇄 2019년 1월 11일

지은이 최명선 · 문은미
펴낸이 채종준
기   획 이주은
편집디자인 김소영
표지디자인 박능원

펴낸곳 한국학술정보(주)
주소 경기도 파주시 회동길 230 (문발동)
전화 031 908 3181(대표)
팩스 031 908 3189
홈페이지 http://ebook.kstudy.com
E-mail 출판사업부 publish@kstudy.com
등록 제일산-115호(2000. 6. 19)

ISBN 978-89-268-3654-5 14370 (Paper Book)
      978-89-268-3655-2 15370 (e-Book)
      978-89-268-3646-0 14370 (Paper Book set)
      978-89-268-3647-7 15370 (e-Book set)